孫冶方經濟科學基金會

中国农村改革

回顾与展望

陈锡文 - 著

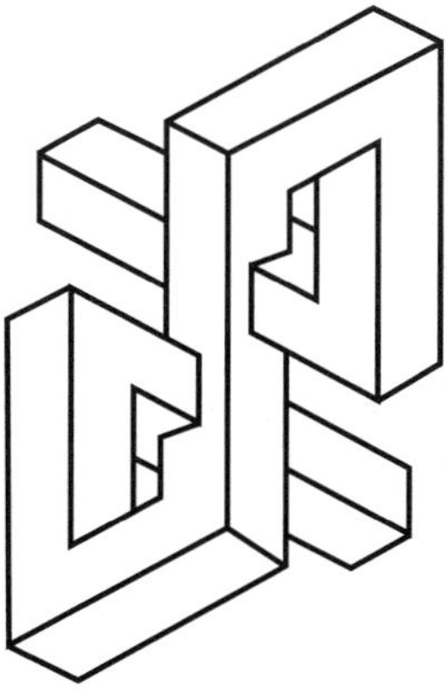

RURAL REFORM IN CHINA Retrospect and Prospect

（校订本）

知识产权出版社
全国百佳图书出版单位
—北京—

图书在版编目（CIP）数据

中国农村改革：回顾与展望：校订本 / 陈锡文著 .—北京：知识产权出版社，2020.5（2022.7重印）

ISBN 978-7-5130-6869-7

Ⅰ.①中…　Ⅱ.①陈…　Ⅲ.①农村经济—经济体制改革—成就—中国　Ⅳ.①F320.2

中国版本图书馆 CIP 数据核字（2020）第 058847 号

内容提要

本书全面回顾了农村改革发展的历程，系统总结了农村改革发展取得的巨大成就和宝贵经验，深刻分析了农业农村面临的突出问题和挑战。

总 策 划： 王润贵　　**项目负责：** 蔡　虹
套书责编： 蔡　虹　石红华　　**责任校对：** 谷　洋
本书责编： 蔡　虹　　**责任印制：** 刘译文

中国农村改革：回顾与展望（校订本）

陈锡文　著

出版发行： 知识产权出版社有限责任公司　　**网　　址：** http://www.ipph.cn
社　　址： 北京市海淀区气象路 50 号院　　**邮　　编：** 100081
责编电话： 010-82000860 转 8324　　**责编邮箱：** caihongbj@163.com
发行电话： 010-82000860 转 8101/8102　　**发行传真：** 010-82000893/82005070/82000270
印　　刷： 三河市国英印务有限公司　　**经　　销：** 各大网上书店、新华书店及相关专业书店
开　　本： 787mm × 1092mm　1/32　　**印　　张：** 7.875
版　　次： 2020 年 5 月第 1 版　　**印　　次：** 2022 年 7 月第 2 次印刷
字　　数： 190 千字　　**定　　价：** 48.00 元

ISBN 978-7-5130-6869-7

出版说明

知识产权出版社自1980年成立以来，一直坚持以传播优秀文化、服务国家发展为己任，不断发展壮大，影响力和竞争力不断提升。近年来，我们大力支持经济类图书尤其是经济学名家大家的著作出版，先后编辑出版了《孙冶方文集》《于光远经济论著全集》《刘国光经济论著全集》和《苏星经济论著全集》等一批经济学精品力作，产生了广泛的社会影响。受此激励和鼓舞，我们和孙冶方经济科学基金会携手于2018年1月出版《孙冶方文集》之后，又精选再版孙冶方经济科学奖获奖作品。

“孙冶方经济科学奖”是中国经济学界的最高奖，每两年评选一次，每届评选的著作奖和论文奖都有若干个，评选的对象是1979年以来的所有公开发表的经济学论著。其获奖成果基本反映了中国经济科学发展前沿的最新成果，代表了中国经济学研究各领域的最高水平。这次再版的孙冶方经济科学奖获奖作品，是我们从孙冶方经济科学奖于1984年首次评选到2017年第十七届共评选出的获奖著作中精选的20多部作品。这次再版，一方面是为了缅怀和纪念中国卓越的马克思主义经济学家和中国经济改革的理论先驱孙冶方同志；另一方面有助于系统回顾和梳理我国经济理论创新发展历程，对经济学同人深入研究当代中国经济学思想史，在继承基础上继续推动我国经济学理论创新、更好构建中国特色社会主义政治经济学都具有重要意义。

在编辑整理“孙冶方经济科学奖获奖作品选”时，有几点说明如下。

第一，由于这20多部作品第一版时是由不同出版社出版的，所以开本、版式、封面和体例不太一致，这次再版都进行了统一。

第二，再版的这20多部作品中，有一部分作品这次再版时作者进行了修订和校订，因此与第一版内容不完全一致。

第三，大部分作品由于第一版时出现很多类似“近几年”“目前”等时间词，再版时已不适用了。但为了保持原貌，我们没有进行修改。

在这20多部作品编辑出版过程中，孙冶方经济科学基金会的领导和同事对本套图书的出版提供了大力支持和帮助；86岁高龄的著名经济学家张卓元老师亲自为本套图书作了思想深刻、内涵丰富的序言；这20多部作品的作者也在百忙之中给予了积极的配合和帮助。可以说，正是他们的无私奉献和鼎力相助，才使本套图书的出版工作得以顺利进行。在此，一并表示衷心感谢！

知识产权出版社

2019年6月

总　序

张卓元

知识产权出版社领导和编辑提出要统一装帧再版从1984年起荣获孙冶方经济科学奖著作奖的几十本著作，他们最终精选了20多部作品再版。他们要我为这套再版著作写序，我答应了。

趁此机会，我想首先简要介绍一下孙冶方经济科学基金会。孙冶方经济科学基金会是为纪念卓越的马克思主义经济学家孙冶方等老一辈经济学家的杰出贡献而于1983年设立的，是中国在改革开放初期最早设立的基金会。基金会成立36年来，紧跟时代步伐，遵循孙冶方等老一辈经济学家毕生追求真理、严谨治学的精神，在经济学学术研究、政策研究、学术新人发掘培养等方面不断探索，为繁荣我国经济科学事业做出了积极贡献。

由孙冶方经济科学基金会主办的“孙冶方经济科学奖”（著作奖、论文奖）是我国经济学界的最高荣誉，是经济学界最具权威地位、最受关注的奖项。评奖对象是改革开放以来经济理论工作者和实际工作者在国内外公开发表的论文和出版的专著。评选范围包括：经济学的基础理论研究、国民经济现实问题的理论研究，特别是改革开放与经济发展实践中热点问题的理论研究。强调注重发现中青年的优秀作品，为全面深化改革和经济建设，为繁荣和发展中国的经济学做出贡献。自1984

年评奖活动启动以来，每两年评选一次，累计已评奖17届，共评出获奖著作55部，获奖论文175篇。由于孙冶方经济科学奖的评奖过程一直是开放、公开、公平、公正的，在作者申报和专家推荐的基础上，由全国著名综合性与财经类大学经济院系和中国社会科学院经济学科领域研究所各推荐一名教授组成的初评小组，进行独立评审，提出建议入围的论著。然后由基金会评奖委员会以公开讨论和无记名投票方式，以简单多数选定获奖作品。最近几届的票决结果还要进行公示后报基金会理事会最终批准。因此，所有获奖论著，都是经过权威专家几轮认真的公平公正的评审筛选后确定的，因此这些论著可以说代表着当时中国经济学研究成果的最高水平。

作为17届评奖活动的参与者和具体操作者，我不敢说我们评出的获奖作品百分之百代表着当时经济学研究的最高水平，但我们的确是尽力而为，只是限于我们的水平，肯定有疏漏和不足之处。总体来说，从各方面反映来看，获奖作品还是当时最具代表性和最高质量的，反映了改革开放后中国经济学研究的重大进展。也正因为如此，我认为知识产权出版社重新成套再版获奖专著，是很有意义和价值的。

首先，有助于人们很好地回顾改革开放40年来经济改革及其带来的经济腾飞和人民生活水平的快速提高。改革开放40年使中国社会经济发生了翻天覆地的变化。贫穷落后的中国经过改革开放30年的艰苦奋斗于2009年即成为世界第二大经济体，创造了世界经济发展历史的新奇迹。翻阅再版的获奖专著，我们可以清晰地看到40年经济奇迹是怎样创造出来的。这里有对整个农村改革的理论阐述，有中国走上社会主义市场经济发展道路的理论解释，有关于财政、金融、发展第三产业、消费、社会保障、扶贫等重大现实问题的应用性研究并提出切实可行的建议，有对经济飞速发展过程中经济结构、产业组织变动的深刻分析，有对中国新型工业化进程和中长期发展的深入研讨，等等。阅读这些从理论上讲好中国故事的著作，有助于我们了解中国经济巨变的内在原因和客观必然性。

其次，有助于我们掌握改革开放以来中国特色社会主义经济理论发展的进程和走向。中国的经济改革和发展是在由邓小平开创的中国特色社会主义及其经济理论指导下顺利推进的。中国特色社会主义理论体系也是在伟大的改革开放进程中不断丰富和发展的。由于获奖著作均系经济理论力作，我们可以从各个时段获奖著作中，了解中国特色社会主义经济理论是怎样随着中国经济市场化改革的深化而不断丰富发展的。因此，再版获奖著作，对研究中国经济思想史和中国经济史的理论工作者是大有裨益的。

最后，有助于年轻的经济理论工作者学习怎样写学术专著。获奖著作除少数应用性、政策性强的以外，都是规范的学术著作，大家可以从中学到怎样撰写学术专著。获奖著作中有几套经济史、经济思想史作品，都是多卷本的，都是作者几十年研究的结晶。我们在评奖过程中，争议最少的就是颁奖给那些经过几十年研究的上乘成果。过去苏星教授写过经济学研究要“积之十年”，而获奖的属于经济史和经济思想史的专著，更是积之几十年结出的硕果。

是为序。

2019 年 5 月

再版前言

衷心感谢知识产权出版社对我这本在二十七年前出版的小册子给予再版。借此机会，我作些情况说明。

一

1992年的一天，吴敬琏老师告诉我，由薛暮桥、刘国光和他本人，打算发起成立一个编委会，组织编写一套总题目叫“改革面向新世纪”的丛书，并由天津人民出版社出版。他说，这套丛书，主要想请一些在党政机关经济部门和研究咨询机构工作、既亲身参加了近年来的改革实践、又有一定专业理论素养的中青年同志来写；丛书的内容，主要是对我国改革经济体制的必要性、改革的背景、改革的进程和已经取得的成就、当前改革面临的突出问题，以及对我国在迈向新世纪进程中深化经济体制改革的基本设想等，分若干领域作比较系统的论述。总的要求，就是对我国已历时十五年的经济体制改革，回顾过去、总结当下、展望未来，为下一阶段乃至进入新世纪的改革和发展，在思想理论和政策措施方面提供一定的参考意见。吴老师当时对我讲，在初步考虑的若干专题中，想让我来承担关于农村经济体制改革这一专题的撰写。当时我在国务院发展研究中心农村研究部工作，在此前的十多年中，我在中国社会科学院、国务院农村发展研究中心等机构，一直从事着我国农村经济的理论和政策研究，并参与了党和国家指导农村改革发展的一些文件的起草工作。听了吴老师关于对这套丛书的设想和要求，我想，改革已近十五年了，编写这样一套丛书，无论对于促进改革思想、理论的交流和发展，还是梳理自己参与改革实践的收获和感悟，确实都是既有必要也很重要的事情，因此就斗胆应允了下来。但真开始提笔写了，才真切地感受到自己对整个中国农村经济体制改革的认识，无论在实践经验方面还是在理论概括方面，显然都还缺乏必要的功力。于是，这本十六七万字的小册子，我磕磕绊绊地写了一年多才算完稿。由于时间拖得太长了，使得这本书的责任编辑——天津人民出版社的杨素芳同志几次三番地打电话来催稿，最后她是在1993年底冒着严寒，专程从天津赶到北京西黄城根南街9号院我的办公室来取走的稿子。所以，可以说，这是一本在我力不从心的条件下才勉强完成的小册子。但不管怎么样，书稿总算是在1993年12月底由天津人民出版社出版了。

书稿出版后的第五年，即1998年的夏天，吴敬琏老师找到我，说是让我给他再找几本这个小册子，他打算联系几位学者一起将这本书向孙冶方经济科学基金会评审委员会推荐评奖。我当时心里直打鼓。虽然此前我也曾获得过孙冶方经济科学奖，但那都是论文奖，有的还是与人合著的，这次要申报著作奖，能够格吗？吴老师对我讲了他的想法：党的十五届三中全会已定于1998年10月召开，而拟提交全会审议的《中共中央关于农业农村工作若干重大问题的决定》（以下简称《决定》）已经发出了征求意见稿，征求意见的范围，包括党员领导干部、民主党派负责人和部分专家学者等，吴老师和其他一些专家学者已经知晓了这个决定的内容，他们感到，《中国农村改革：回顾与展望》这本小册子，在对农业为何更适合于家庭经营，坚持农村土地集体所有制与实行农业家庭承包经营为何并不矛盾，为什么说农业实行家庭承包经营不是权宜之计而是我国农村集体经济组织应当长期坚持并不断完善的基本经营制度等问题的论述，为党的十五届三中全会《决定》的起草提供了可资参考的理论分析和政策建议，同时，对于在理论上充实人们对改革后形成的我国农村基本经营制度的认识，也起到了积极的促进作用。因此，吴老师他们认为，在经历了近五年的实践检验之后，这本小册子应该是具备了申报孙冶方经济科学奖的条件。我当时作为党的十五届三中全会《决定》起草组工作班子的成员，一方面为这个重要文件能够吸纳包括我在内的众多从事农村改革发展理论和政策研究工作者的思想理论成果感到由衷高兴，另一方面，也深感进一步深化农村改革必须吸引更多的有识之士来关注和研究中国的农业、农村、农民问题。而这本小册子参与评审孙冶方经济科学奖的过程，应该是使“三农”问题更为引起理论和政策研究界关注的途径之一。正是在这样的背景下，《中国农村改革：回顾和展望》获得了第八届孙冶方经济科学奖的著作奖。

二

“改革面向新世纪”丛书构思于1992年，而1992年是我国经济体制改革史上应当以浓墨重彩来书写的一年。这年的春天，邓小平同志发表了关于必须坚持改革开放的南方谈话；这年的秋天，江泽民同志在中国共产党第十四届全国代表大会的报告中，明确提出了我国经济体制改革的目标是建立社会主义市场经济体制。这两件大事构成了这套丛书的“魂”，那就是必须坚持改革开放，必须坚持走中国特色社会主义道路，必须加快建立社会主义市场经济体制。这当然也就成了我构思这本小册子的“魂”。现在回过头来看，应该说书中的基本理念和主要观点，我自认为还是体现了这个初衷的。

但这本小册子的不足之处也是显而易见的。这主要体现在两个方面：一是，叙事较多而理论建树不足，这当然是由笔者本人的理论功底不足所造成的。实际上，我自己也一直认为，我并不是一个经济学理论的工作者，我所从事的工作，主要只是运用学到的一些经济学理论知识和分析方法，来对实际经济问题进行研究，目的也只在于为解决实际经济问题提出具有可操作性的政策性建议。因而，这本小册子的理论性不足，是显而易见的。二是预见性不够。由于笔者当时思想认识的历史局限性，没能以更开阔的视野和更深入的探究，来分析、判断我国农村改革即将指向的一些重大深层次问题，如实行农业税费改革、积极稳妥推进城镇化、加入世贸组织以使中国融入经济的全球化等。尽管书中对这些问题也有所触及，但毕竟没有将这些问题作为新世纪农村改革所不可回避的重大问题而明确提出和展开分析。

事实上，在世纪之交或刚进入新世纪时，农村改革就不可避免地直面了这一系列重大问题。在 2000 年，党中央、国务院就部署了开展农业税费改革的试点，并自 2006 年起全面取消了在我国已经有着 2600 年历史的按地亩征收农业税的制度。也是在 2000 年，党的十五届五中全会通过的《中共中央关于国民经济和社会发展第十个五年规划的建议》中，首次提出了要“积极稳妥推进城镇化”，并明确要“走大中小城市和小城镇协调发展”的中国特色城镇化道路。而在 2001 年 11 月 10 日，世贸组织在卡塔尔举行的第四届部长级会议上，通过了中国加入世贸组织的法律文件，中国自此正式成为了世贸组织的成员。农业税费改革、推进城镇化、中国加入世贸组织，是中国经济在世纪之交和刚迈入21世纪即面临着的三大改革硬仗，它们不仅对深化农村改革的意义不可低估，而且对促进国家的现代化进程也同样有着极为重要的意义。

27年前，在我的这本小册子刚出版之际，正是农民对日渐沉重的税费负担怨声四起之时。农民对于向他们收取的税、费，形象地称作“头税轻，二税重，三税是个无底洞”，即由国家相关条例规定的正规税收并不算重，但乡（镇）政府的“五统筹”和村集体组织的“三提留”则比国家的税收还要重，而最可怕的是那些动不动就来的乱集资、乱摊派、乱罚款。实际上，农民反映负担沉重的问题已有时日，这在一定程度上与农业实行家庭承包经营后，农村集体组织的经济核算体制变化也有关系。在集体统一经营时，实行的是统一经营、统一核算、统一分配的体制，集体组织的收入是在缴纳了税费、预留了来年的生产费用和按比例扣除了公积金、公益金等之后，才向其成员进行生活费用的分配的。这样，一是农民的负担是隐性的，二是集体组织的收支是有硬约束的，分配到农民手中的生活费用虽然很低，但却不存在再被收取税费的问题。而实行家庭承包经营后，农户成了独立的经济核算主体，国家直接向其征税，乡（镇）政府、集体组织直接向其收取“五统筹”“三提留”和其他费用，农民的负担就显性化了；而与此同时，集体组织的收支却变成了软约束，只要它认为有必要，就伸手向农民收钱，于是，矛盾便凸显并尖锐起来。在1984年初发出的中央“一号文件”中，就已经明确提出要“制止对农民的不合理摊派，减轻农民额外负担，保证农村合理的公共事业经费”，说明农民负担问题在当时就已经是不容忽视了。但是，对于农民的负担，何为“合理”、何谓“不合理”，何谓

“额外”、何谓“份内”，在当时条件下确实很难理得清楚，因此要实行起来当然困难重重。到20世纪90年代初，中央下决心要狠抓减轻农民负担工作。国务院成立了减轻农民负担联席会议制度，作出了各地农民负担不允许超过当地农民上年纯收入5%等硬性规定。但所谓上有政策、下有对策，减轻农民负担的工作仍然步履艰难。到了20世纪90年代中后期，面对相当部分地区农民日益激烈的对抗情绪，中央决心采取釜底抽薪的措施，以通过对农业税费制度的改革，来确保减轻农民的负担。农业税费改革，最初的设计方案是：将农业税税率提高至7%以后，取消除烟叶以外的农业特产税、牧业税和屠宰税，同时也取消乡（镇）政府收取的“五统筹”款，均将其纳入农业税；逐步取消农民承担的劳动“积累工”和“义务工”；取消村集体组织收取的“三提留”款，将其改为农业税附加，附加率为农业税的20%。改革后，农业只承担7%的农业税及20%的农业税附加，合计为8.4%，除此之外，农业不再承担任何其他税费。改革自2000年初开始试点，历时6年，一方面逐步扩大试点范围，另一方面逐步降低农业税税率。至2005年底，党中央决定并经全国人大常委会会议审议通过，自2006年起，废除农业税条例，彻底取消农业税。自此，农民在农业生产环节不再承担任何税费。取消农业税的意义绝不仅仅是减轻了农民1300多亿元的负担，更重要的是理顺了国家与农民之间的利益关系，推进了一系列制度创新。这主要表现在三方面：第一，公共财政真正惠及了广大农民的民生。在此之前，农村许多基础设施建设、公共事业发展的资金都以公办民助的方式需农民承担相当部分。如乡（镇）向农民收取的“五统筹”款，是指农村教育统筹款、农村计划生育统筹款、农村民兵训练统筹款、农村优抚对象统筹款，以及农村架桥修路费用的统筹款，而这些款项的性质，本来都应当由政府的公共财政来支出，只是此前的财政实力不够，于是只能采取公办民助的方式，让“农村的事情由农民自己办”了。取消乡（镇）“五统筹”后，这些事情当然都还必须办，而且费用都还必须逐步增加，但支出都改由财政承担，而不再是“公办民助”了。再如，过去政府建立的基本公共服务和基本社会保障制度，大多也没能覆盖到农民身上。但从农业税费改革开始，政府通过增加财政补贴等措施，开始建立起了广覆盖的农村新型合作医疗制度、农村最低生活保障制度、农村社会养老保险制度，以及其他各项社会救助制度。第二，国家开始建立起既符合世贸组织规则又具有中国特色的农业支持保护体系。如建立了对重要农产品的最低价格和目标价格收购制度、对种粮农民的直接补贴制度、对化肥和农药等农业生产资料的价格补贴制度、对农民购买农业机械和良种的补贴制度等。这一方面保障了农民的合理收入，另一方面也提高了在开放条件下对我国农业的支持保护水平。第三，推进了乡镇机构改革，精简了大量非生产人员。税费改革前，由于乡（镇）政府在收支上的软约束，造成了乡镇政府机构膨胀、人员臃肿的局面，导致了农村“食之者众、生之者寡”的现象。农业税费改革后，硬化了乡（镇）政府的财政约束，必然也就精简了大量不必要的机构和人员。可见，农业税费改革的意义不仅在于减轻农民负担，更在于促进国家的制度创新、提高国家的治理能力。

推进城镇化，是中国实现现代化的必然选择。但是，中国农业人口规模巨大，城镇化的推进需要经历一个漫长的历史过程。城镇化的核心在于农业劳动力向非农产业、农业人口向城镇的转移。改革四十余年来，我国的这一进程已经经历了三个大的阶段。首先是鼓励农村劳动力“离土不离乡”的兴办乡镇企业，使大量农业劳动力就地就近实现了向非农产业的转移就业。然后是适应劳动力市场的形成和城市、工业园区及基础设施大规模建设的需要，促进农民工大规模、大范围地跨地区流动就业。再次是推进城镇户籍制度改革，鼓励进城农民工举家迁徙到就业的城镇落户。这三个前后继起的阶段，应当说是有着国情、国力及国家发展阶段变化的内在逻辑的，但其核心，都是为了促进农村富余劳动力的转移就业。因此，可以说，在实现现代化进程中的中国城镇化，其最主要的目标，应当是解决农民的转移就业问题。在笔者的这本小册子成稿之时，促进农民富余劳动力转移就业的主要途径还处于发展乡镇企业的阶段。因此，虽然笔者看到了乡镇企业发展模式即将面临的挑战和机遇，但却还不敢作出促进农村富余劳动力大规模流向城镇去就业的设想。2000年，在起草党的十五届五中全会文件（关于第十个五年规划的建议）时，农村富余劳动力的转移就业方式，正处于从就地为主到跨区域流动为主的转变阶段。当时，我也参加了这个文件的起草工作。在文件起草过程中，对于是否将推进城镇化作为“十五”规划中的目标和任务之一，确实存在着争议。一方面，农民流动进城就业的趋势日益明显，而另一方面，城镇就业制度、住房制度、医疗保障制度、退休和养老保险制度等方面的改革都刚起步，这两者之间存在的利益矛盾和冲突不言而喻。经过深入调研、充分讨论和反复衡量，中央最终认为，既然城镇化是现代化的必由之路，那就应当提出目标、明确方向。于是，这个文件中才有了“积极稳妥推进城镇化”，以及“走大中小城市和小城镇协调发展的道路”。这是在党中央的文件尤其是在党的中央全会通过的文件中，首次提出推进城镇化的重大战略问题，意义深远。这个文件最直接的效果，就是极大改善了进城务工农村劳动力的境遇，使他们从过去被有些人称为的“盲流”（盲目流动者），变成了城市“产业工人的重要组成部分”。2004年的中央“一号文件”明确提出：“城市政府要切实把对进城农民工的职业培训、子女教育、劳动保障及其他服务和管理经费，纳入正常的财政预算，已经落实的要完善政策，没有落实的要加快落实。”“推进大中城市户籍制度改革，放宽农民进城就业和定居的条件。”时至今日，我国常住人口的城镇化率已达60.6%（其中户籍人口城镇化率为44.38%），比1999年提高了25.8个百分点。自世纪之交以来，20年间我国常住人口城镇化率以年均1.29个百分点的速度在提高，城镇常住人口总量由1999年的43748万人增加到了2019年的84843万人[1]，这不能不说是一个飞跃。但是，我们还必须看到，我国城镇常住人口与城镇户籍人口之间还存在着16.22个百分点的差距，这也就意味着有约2.27亿已在城镇常住、但未在城镇落户的农村人口尚处于“半城镇化”的状态之中。导致农民进城而没在城镇落户的原因有很多，但归结起来，无外乎主要就是“想不想”“能不能”和“要不要”这样三类。“想不想”和“能不能”是指城镇政府。城镇政府允许农业转移人口来城镇落户，当然绝不是只要把户籍本上的“农业”改成“城镇”那么简单，而必须解决一系列的实际问题。这就是必须对已进城落户的农业转移人口承诺，使他们与当地市镇居民享有同等的就业机会、住房保障、医疗保障、养老保障、社会救助以及随迁子女的教育等条件，这当然需要加大当地政府的公共财政支出才能做得到。农民工到城镇来就业，为当地创造了财富、提供了税收，为此他们享受与当

[1] 以上数据来源于国家统计局2020年发布的《2019年国民经济和社会发展统计公布》和《中国统计摘要2008》。

地城镇居民同等的基本公共服务和社会保障，应该理所当然。但是，如果城镇政府的负责人本来就只愿你来打工、不想让你落户，不想在进城就业的农民工及其家属身上增加本级政府的公共财政支出，那么，进城的农业转移人口当然就在城镇落不了户。因此，要使各地城镇政府的负责人意识到，那种只想让农村劳动力来打工、不想让农业转移人口来落户的做法，最终必将使当地经济社会的发展难以为继，从而改变那种片面的思想和工作方法。另一种情况是，城镇政府的负责人主观上并不想阻碍农业转移人口的落户，但限于当地政府的财政实力，短时期内没有能力做到使农业转移人口都能享受与当地居民同等的基本公共服务和社会保障。这就需要认真研究我国城镇化进程中的财政体制改革问题。农业人口向城镇转移，是实现国家现代化的大局，因此，必须加快研究形成中央、地方以及城镇对农业转移人口城镇化过程中的财政经费支出增长的分担机制，在此基础上，才能逐步解决农业转移人口在城镇落户难的突出矛盾。最后，还必须看到，在进城务工经商的农村劳动力中，确实有一部分人因各种各样的原因，并没有把落户城镇作为自身所追求的目标。他们的进城务工经商，或是为了积累资金，或是为了学习生产技能和经营管理知识，或是为了让子女能得到更好的教育，等等。在达到自身的目标（也可能是失败）后，他们可能会选择返回自己在乡村的家园。况且，农民工的外出，追求的就是就业和收入，哪里有更好的就业机会、有更高的收入，他们就朝哪里去。因此，外出农民工中的一部分人，在一定时期内这种就业的流动性是不可避免的。此外，为着既照顾家人和家里的营生，又充分利用剩余劳动时间，选择季节性进城打工的农村劳动力也不在少数。总之，进城农民工是否选择在当下就业的城镇落户，除了受体制和政策因素的制约外，还有很多是出于个人或家庭原因的考虑。因此，现阶段显然没有必要把已进城的农民工及其家属全都在城镇落户作为追求的目标。从国际经验看，由于各国的国情和社会管理制度的差别，实际上很难形成各国都公认的对城镇本身的定义和对人口城镇化指标的统一口径，因此，简单地把各国的城镇化数据进行直接比较，就很难得出符合实际的科学判断。如在世界银行公布的各国城镇化率数据中，2018 年美国的人口城镇化率为 82.1%，而同年日本的人口城镇化率为 91.5%，后者比前者高出 9.4 个百分点。但对于实地考察过美国和日本城乡人口分布状况的人而言，大概是没人会相信日本的人口城镇化率比美国高，而且高出近 10 个百分点。显然，这是由于对城镇本身的定义和统计人口城镇化的口径存在差异而导致的。因此，单纯的人口城镇化率指标，并不能说明经济社会的发展程度。如拉丁美洲的有些国家，人口的城镇化率早已达到了发达国家的水平，但那是容忍大资本兼并小农户的土地，迫使失去家园的农民沦落为城市贫民窟中的穷人而造成的。对这样的城镇化方式，我们当然必须说不！由此可见，城镇化率指标的提升固然重要，但更重要的是，乡村居民能否像城镇居民那样享受到均等化的基础设施、基本公共服务和基本社会保障。如果在这些方面还没能实现城乡均等化，那么农业转移人口到城镇的落户就始终是不自由的；而在实现了这些方面的城乡均等化之后，农民才能对于自己的户口到底是该迁入城镇还是留在乡村，作出符合自身意愿的自主选择。因此，在强调放开、放宽农业转移人口在城镇落户条件的同时，更重要的是必须加快城乡之间在基础设施、基本公共服务和基本社会保障等方面的均等化进程。

笔者的这本小册子在成稿之时，世贸组织还处于其前身——关贸总协定——的阶段。那时，我国正为恢复在关贸总协定中的地位进行着努力。就在这个过程中，关贸总协定完成了它向世贸组织的转制，于是，我国的“复关”谈判也就变为“入世”谈判。坦率地说，作为主要从事我国农村政策研究的我，当时确实没有对“复关”和“入世”问题引起足够的重视。因为当时我国农民收入水平低，农业生产成本低，绝大多数农产品的国内价格都远低于国际市场，而且我国长期都是农产品净出口并在农产品贸易上有较大顺差的国家，因此当时确实没有对“复关”或“入世”后国内农业可能受到的冲击有什么危机感。第一次感受这个问题的关系重大，是1997年我去日本考察。在与日本农业官员、农协负责人、农业经济学家以及普通农民的交流中，我感到他们都对“入世”后日本农业可能面临的局面极为关注。就在这一年，为了应对“入世”后的新局面，日本还修改了《农业基本法》，提出了“农业多功能性”的概念，强调政府对农业的补贴，不仅是为了保护国内农业生产者的利益和提高农产品的国际竞争力，而且还具有推进国土整治、改善农村人居环境、保护历史文化传统等多方面的功能。经深入交流，了解到这主要是为了在“入世”后，使政府在对农业补贴、进口农产品数量和关税等方面的管控等，仍能继续保持较高的自主性。回国后，我开始关注我国在“入世”谈判方面的进展情况，对我国在入世后对农业方面的承诺，如政府对农业的补贴水平、进口农产品的关税减让、纳入进口关税配额管理的农产品品种、数量、经营者身份等问题进行了一定的研究，提出了一些政策性建议。因此，在1993年我撰写这本小册子时，确实还没有考虑到我国“入世”后农业可能面临的机遇和挑战。如今，我国“入世”已经十八九年了，中国融入经济全球化后，对我国自身及世界经济所产生的积极效应，早已为世人所有目共睹。但不可否认的是，中国农业在“入世”后所面临的挑战也渐趋严峻。在国内农产品生产成本持续上升的背景下，许多农产品的国内外市场价格明显倒挂，进口农产品的品种和数量在不断扩大。面对这些问题，我国必须加快以提升农业生产效率和农产品竞争力为主攻方向的农业供给侧结构性改革，这就需要在加快农业科技进步、创新农业经营体制、健全农产品和生产要素市场以及农业生产社会化服务体系、加强国家对农业的支持保护等方面推进一系列的改革创新举措，以增强对来自国际农产品市场挑战的应对能力。但也必须看到的是，我国耕地总面积不足全球的10%，而人口总量约占全球的18%，尤其是在我国的总人口中，目前仍有39.4%是农村常住人口。这样的国情决定了，在人民生活水平不断提高的背景下，一方面我国不可能做到每样农产品都实现自给，而另一方面却又必须做到在有些重要农产品上始终保持高自给率，这是确保我们这个有着14亿人口的国家经济和社会安全的必然要求。为此，一是要切实做到“谷物基本自给，口粮绝对安全”；二是对类似猪肉这种我国消费量占全球一半的重要副食品，也必须保持相当高的自给率，否则一旦国内供求出现大的缺口，是没有任何别的国家能够帮得了我们的。因此，在经济全球化时代，保障我国农产品的供给，一方面应当更科学、更合理地用好我国有限的耕地资源，充分发挥其在确保国家粮食和重要副食品安全方面的压舱石作用；另一方面则应当更充分、更有效地利用国际资源和国际市场，以满足我国人民在生活水平提高过程中对农产品的多样化需求。作为世贸组织的成员，我们必须信守我国在“入世”时的承诺，并支持世贸组织进行必要的改革。而另一方面，在世贸组织的改革中，我们也必须坚守关系国家核心利益的底线，那就是保证发展中成员的特殊与差别待遇，尊重成员各自的发展模式。具体到我国自身，就是在任何时候，都要确保国家粮食和重要副食品的安全，确保我国农业这个产业的安全，确保我国农民的生计安全。

三

这是一本写于27年前的小册子，以今天的目光来审视，其中值得检讨和反思的地方一定有不少。如我在该书中分析农民土地承包权的权利来源时说："农村土地属集体公有，而农民是集体公有土地所有者的组成成员，这就是农民的家庭获得对集体土地承包权的依据，即农民是以所有者的身份来承包集体的耕地"（这在当下我认为也没有错）。但在分析当时农村土地承包制面临的问题和提出改革思路时，却又认为村组织对农户收取的"提留"属"租"的性质，并认为"凡承包集体耕地（包括水面、山林等）的农户，都应当根据耕地的数量和质量缴纳租金"。这显然就出现了很大的矛盾。我在这里混淆了两层关系：一是混淆了以集体组织成员权所享有的土地承包经营权，与通过租佃方式获取的土地经营权之间的关系；二是混淆了以通过集体组织成员权利平等的机制所享有的土地承包经营权，与通过市场流转机制获取的土地经营权之间的关系。简单地说，就是在性质和机制上都混淆了集体组织内部的土地承包制与市场机制作用下的土地租佃制之间的关系。之所以提出这个问题，不仅是为了纠正我以前的认识偏差，更因为是这对于理清农村土地"三权分置"背景下"三权"之间的权利关系也很有必要。

农村土地实行"三权分置"，正如农民讲的，就是坚持集体所有权，稳定农户承包权，放活土地经营权。农村土地实行集体所有制，是由我国社会性质所决定、由国家宪法所规定的重要经济制度，必须长期坚持；农户土地承包经营权，是法律赋予农民的财产权利，承包期内的农户土地承包权必须保持稳定；农村土地的承包经营权，既可以依据农户的意愿由自己一体行使，也可以依据农户的意愿将承包权与经营权分离，使分离后的土地经营权按市场机制进行流转。显然，农村土地的集体所有权，是实行家庭承包经营制度的基础，没有土地的集体所有权，也就没有农户的家庭承包经营权；农户享有的土地承包经营权，是其作为集体经济组织成员的权利体现，本集体组织的成员平等享有承包本集体组织土地的权利，不享有本集体组织的成员权利，也就不能享有本集体土地的承包经营权；能够按市场机制流转的，只能是与土地承包权分离后的土地经营权；土地经营权依据市场机制流转，受让人不受是否是集体组织成员的身份限制，但不改变流转了的土地经营权与原土地集体所有权和农户承包权的权属关系。实行农村土地的“三权分置”，适应了农村劳动力流动和农业人口转移的发展趋势，有利于在坚持农村土地集体所有制和稳定农户土地承包权的前提下，促进土地经营权在市场机制作用下的流转、集中和发展多种形式的规模经营，是当前和今后相当长时期内推进农业经营体制创新的一项重要制度安排。

根据党的十九大报告的要求和新修改的《农村土地承包法》的规定，农村二轮土地承包到期后，将再延长30年承包期。这即是说，直至本世纪中叶，农村土地经营权的流转、集中和发展多种形式的规模经营，都必须按照农村土地“三权分置”的制度安排来引导和推进。因此，理清这三项权利各自的内涵及其相互之间的关系就极为重要。这就需要我们在坚持法治思维的基础上，把如何维护好农村集体经济组织、承包农户、土地经营权人这三类主体的合法权利，作为深化农村土地制度改革、创新农业经营体制、完善农村基本经营制度的重要内容来进行深入研究，为坚持走中国特色农业现代化道路提供有力的思想理论支撑。

再版这本小册子，是为了使读者了解当时的笔者对农村改革状况的观察和认知。因此，除了对文中的错别字和病句作了订正外，其他方面均未作改动。

陈锡文

2020 年 3 月

目录

1. 导言

自中国共产党十一届三中全会以来，在中国 15 年的改革历程（至 1992 年）中，农村经济体制的改革，始终被人们誉为整个中国经济体制改革中最为成功的一个领域。

一、农村改革的重要地位

人们赞誉农村改革，一是因为农村改革乃是中国整个经济体制改革的突破口。若不是改革在农村的率先突破和首战告捷，中国改革的整个进程，也许还会被迟滞若干年。二是因为农村改革最直接地给了几乎所有的中国人以看得见、摸得着的实惠。是农村改革创造了中国农产品供给激增的奇迹，从而迅速地缓解了长期困扰我国的食品供给紧张的局面，使家家户户的餐桌，随着农村改革的进展，而一天天地丰盛起来。正是农村改革的成功，才使得中国人可以坦然地讲：我们终于基本解决了温饱问题。毫无疑问，改革，可以使人们生活得更好，这一点，是由农村改革最先向人们证明的。因此，也是农村改革的实践，唤起了全社会对进行经济体制改革的理解、支持和参与。三是农村改革为国民经济其他领域改革的展开，提供了大量经过实践检验的宝贵经验。农村改革的初步成功，转变了中国社会上许多根深蒂固的老观念，促使人们开始换脑筋、换思维方式。人们在谈论改革时，那些使用频率最高的概念，如承包制、包干制、经营主体的自主权、让一部分人先富起来、生产要素的流动和重新组合、公有制为主体基础上的多种经济成分共同发展，等等，实际上都是由农村改革的实践所创造或验证的。因此，农村改革的首战告捷，对于打破人们的思想禁锢，对于使人们摆脱传统的思维定式、去深入思考和大胆实践改革，是起到了不可估量的启蒙式的作用的。而国民经济其他领域的改革，从思路的形成到不少具体操作方式的出台，也都在很大程度上借鉴了农村改革的成功经验。四是人们赞誉农村改革，最主要的，当然还在于改革使农村自身所发生的巨大变化。农业生产的增长，农村经济结构的变革，农民就业空间的扩大、农民收入水平和消费水平的提高，这一切所带来的农村物质生产和农民物质生活方面的巨变，是世人所有目共睹的。然而，更为主要的，这是改革使农民的观念和行为所发生的深刻的变化。他们不再满足于日出而作、日落而息，不再满足于自给半自给的经济，他们已经打破了农村的封闭格局，正在走进开放的市场系统。农民在改革过程中所表现出的想象力、创造力是令世人所惊叹的。这表明，九亿农民，这个中国人中占绝大多数，因而也是中国人中最大的群体，正在跟上中国现代化的进程。农村人口占绝大多数这一基本国情决定，中国能否现代化，归根到底将取决于农民能否现代化。因此，农村改革对农民思维方式和经济行为的变革，对于中国的未来，乃是一种具有历史意义的进步。

农村经济对于中国经济的重要性，至少直接表现在两个方面：一是农业作为人们的生活必需品，特别是食品的供给来源，具有不可替代的战略地位。我国众多的人口决定了农业在我国的国民经济中具有永久性的基础地位。由于人口众多，因此，一旦我国的农业出了问题，世界上没有任何国家能帮中国解决吃饭问题。而必须坦率地承认，在改革之前的相当长的时期中，我国的食品供给是很不充分的，只能长时期地实行一种低水平的配给制度，这对于国民经济的发展和人民生活水平的提高，不能不说是一个极大的制约。二是农村作为绝大多数中国人口的生息之地，决定了农村的经济发展水平实际上制约着整个国家的经济发展水平。我们不能脱离农民，即脱离中国绝大多数人口的生活状况，来谈论中国人民的生活状况。也必须坦率地承认，在改革之前的相当长的时期中，农村和农民的经济状况，都处于一种非常低下的水平，农民贫困，因而整个国家也不可能富足。农村改革成功的重要性，就在于它极大地改变了上述两个方面的情况。食品的供给丰富了，配给制已基本被取消了；农民基本上解决了温饱问题，正在满怀信心地朝小康水平迈进。毫无疑问，这两方面变化的重要性，是怎样评价都不会过分的。

二、农村改革的基本经验和主要成果

农村改革的基本经验，如果用一句话来概括表达，那就是：它始终坚持着市场取向的改革。在党的十四大明确了将建立社会主义市场经济体制作为改革的目标之后，这句话听起来似已无多少惊人之处。但是，从 20 世纪 70 年代末到 90 年代初，在这十几年的时间里，不管有什么样的风风雨雨，尽管步伐有时快些、有时慢些，但农村的改革始终以一种“韧”的精神，坚持着市场取向的改革，应当说，这是一件极不容易的事情。农村改革之所以能始终坚持市场取向而不动摇，其实原因并不复杂，因为这是九亿农民出自他们切身利益的抉择，而这种万众一心、义无反顾的抉择，是没有任何力量能将其逆转的。

迄今为止的农村改革，已经历了三个主要的环节，它们都是从一开始就坚持着市场取向的改革的。

1. 农业的家庭联产承包责任制

什么叫家庭联产承包责任制？用农民的话来讲，就是“交够国家的、留足集体的、剩下都是自己的”。这听起来似乎是在讲农户承包地上的劳动产品的分配关系，其实则不仅如此，或说更主要的并不在于此。因为这三句话，实际上讲的是农业生产要素的不同配置方式。

交够国家的，讲的是农户承包地中的一部分，必须用于生产国家规定要交售的那些农产品，其品种和数量都必须满足政府的规定。显然，生产这部分农产品的农业生产要素，是由政府的计划来配置的。但是，只要承包农户能够提高要素的综合生产率，为完成政府计划所必须占用的那部分资源（特别是耕地），就可以相对地缩减。这样，就可以有更多的承包耕地，能够按其他的原则来进行资源配置。留足集体的，讲的是发包耕地的农村集体组织，为了进行必要的经济和行政管理，以及从事必要的社会公益事业，必须向承包集体耕地的农户，收取一定的费用。但这些费用不必是承包地上所产的农产品实物，而是根据一定的实物所折合成的货币。这样，为创造这部分集体所要提取的货币，农户就可以按市场供求的变化，来配置农业的生产资源，以尽可能地生产市场最需要的产品、尽可能地获取较高的收益。因此，集体经济组织所要提取的那部分货币，所占用的农业生产资源也是不确定的，生产效益越高，它所占用的资源就越少。剩下的都是自己的，讲的是在扣除了国家所要的农产品和集体所需要的经济提留之后，其余的承包耕地，都可以按农户自己的意愿来组织生产。这一部分生产中，主要的部分当然是为了满足农户自我消费的需要，但在满足了自给性的需求之后，其余的产品则完全可以按市场的需求来组织生产了。事实上，在一些商品经济发达的地方，农户根据自己所占的资源条件、本身的生产技术条件等，将全部承包地都按市场的需求来组织生产，而交给国家的特定农产品和自我消费的农产品，则都到市场上去购买的情况，也并不在少数。这就使得按市场需求配置农业资源的机制，在更大范围内得到了运用。总的说来，在实行农业的家庭联产承包责任制之后，我们看到，农业资源配置的方式实际上有两种，一种是非市场支配的，这主要发生于完成国家任务和满足农户自我消费的领域；另一种则是由市场供求来支配的，这主要发生于在完成上述生产之后的其他生产活动中。由于国家任务和农民自我消费在一定时期内总是一个大体稳定的量，因此，追加对承包耕地的投资、追求农业生产中的技术进步，实际上就是在缩减非市场支配的资源占用，同样也就促使更多的生产资源转由市场来配置。不难看出，家庭联产承包制的积极作用，主要的还并不在于表现出来的农产品增产，而是打破了农业中的统制经济，将市场机制引入了农业，并使得市场机制在农业和农村经济中的作用范围不断地扩大。因此，在实行了家庭联产承包制后不久，我们就不仅看到了粮、棉、油等这些列入国家统购计划的农产品产量的大幅度增长，更看到了在国家统购计划之外的像水果、水产品、禽、蛋以及各种土特产品产量的迅速增长。这个变化是在粮食播种面积略有缩小，而粮食产量则大幅度增长的背景下发生的，它极大地丰富了城市居民的食品消费结构，改善了人民的生活。而这正是农业中市场调节作用范围不断扩大的结果。

2. 乡镇企业的异军突起

乡镇企业在改革前被叫作社队企业，其主体是农机修造业和农村自我消费型的米面油加工业、建材业等。在贯彻以粮为纲、劳力归田的方针和社队企业的生产要就地取材、就地加工、就地销售的原则规定下，社队企业的发展受到严重的政策性束缚。直到1978年，社队企业的产值才占农村社会总产值的24%，社队企业的工业产值才占全国工业总产值的9%。农村改革之后，由于农业资源中的相当一部分可以按市场供求来进行配置，因此农村的资金积累速度骤然加快；同时，实行农业的家庭联产承包制之后，农村劳动力可以在各业间自由流动，这就为农村生产要素的优化组合创造了重要的条件。资金和劳力流向效益比较高的非农产业，这是乡镇企业异军突起的根本原因。乡镇企业从一开始就生存于计划外空间，市场是它的大舞台，从要素的组合到生产项目的确定，从用工制度到分配制度、从原材料的采购到产成品的销售，乡镇企业的方方面面都是受市场调节、按市场规律办事的。乡镇企业的发展速度是令世人所惊叹的。到1992年，乡镇企业的产值已占到农村社会总产值的六成以上，乡镇工业的产值，已占到全国工业总产值的三成以上。与城里的国有企业相比较，乡镇企业在物质装备和技术水平等方面，无疑是处于劣势，但它却如此的生机勃发，不仅牢牢地站稳了脚跟，而且不断地在国民生产总值中扩大着自己的份额，原因也是简单明了的，那就是乡镇企业具有比国有企业更为先进的经营机制。说乡镇企业的经营机制是先进的，无非是说这种经营机制是符合市场经济的要求的。毫无疑问，如果不是依靠这种符合市场经济要求的经营机制，凭着乡镇企业的那种土里土气的物质技术条件，它是无论如何不可能在国有企业如林的非农产业领域中，为自己开辟生存、发展、壮大、腾飞的空间的。这也从一个侧面说明，机制确实比人强，没有一个符合经济规律的好的经营机制，多先进的物质技术装备也只能陷于困境难以发挥效率；而有一个好的机制，却能变物质技术装备的劣势为优势。乡镇企业的异军突起，应该说就是一个成功地发挥了机制作用的典范。

3. 农产品流通体制的改革

自1953年我国政府规定实行粮、棉等农产品的统购统销制度以来，由于对农业生产缺乏激励，从而使之缺乏效率，因此，农产品供给短缺的局面始终没有得到缓解，反而使列入统购派购的农产品品种越来越多，以致发展到农产品市场实际被关闭的地步。所谓粮食的统购统销，就是无论在收购还是在销售方面，粮食的品种、数量、价格都由政府来确定。因此，在农村，政府成了收购粮食的垄断性买主；在城镇，政府又成了销售粮食的垄断性卖主，而粮食市场在粮食的购销中基本不起作用。其他一些主要农产品的购销情况也是基本如此。没有市场的购销活动，生产要素的配置当然都由计划来支配，这就很难准确地反映资源价格，也很难实现农业资源的优化配置。因此，搞了20多年的"以粮为纲"，不仅没能真正解决粮食问题，反而使其他各类农产品也越搞越紧缺。实行农村经济体制的改革，在改变原人民公社经营体制的同时，政府也较大幅度地提高了农产品的价格，并实行鼓励性的超购加价等制度，同时，还逐步地放开了粮食市场。这些举措，都为改革统购统销的体制作了重要的铺垫。在粮棉油等基本农产品产量大幅度增长的同时，其他的农产品陆续放开了购销和价格，其中最为突出的是水果、水产品和畜禽产品，放开之后产量迅猛增长，既满足了城镇居民的消费需求，也成为农民收入增长的重要来源。到目前（1992年）为止，除了棉花、烤烟和蚕茧这3个品种仍实行由政府定价、由政府全额收购之外，其余所有的农产品都已经放开购销和价格，允许自由地在市场流通。与改革前相比，耕地是减少了，农村的人口是增加了，但农产品的供给量却是极大地增长了。原因何在呢？就是由于农产品的购销越来越市场化，而市场在农业资源的配置中起着越来越重要的作用，因此，尽管农村人均占有的农业自然资源相对少了，但农产品的供给量却反而大大地增加了。不难想象，如果农产品的购销不走市场化的路子，我国农产品供给不足的突出矛盾，将是难以解决的。

三、当前农村经济发展所面临的突出矛盾

进入 20 世纪 90 年代以来，我国的农村经济正面临着若干重大的转折。这主要表现在两个方面：一是农产品的需求结构发生了重大的变化，人们在解决了温饱问题之后，对农产品的需求日渐转向追求高品质和多样化。因此，我国农产品供求关系中的主要矛盾，开始从数量问题转向质量问题，即供求之间达到了数量上的基本平衡之后，农产品的质量问题日渐突出。进入 20 世纪 90 年代以来，农民卖农产品难、农产品价格低落的现象十分普遍。这说明，在农产品供给数量可以满足市场需求之后，农产品的品质问题已演化为供求关系中的主要矛盾了。近年来，我国的农产品市场，出现了过剩与短缺并存的局面，一方面是低质农产品的过剩、积压，表现为农民的卖难和商业部门的库存过量；另一方面是优质农产品的短缺、供不应求，表现为各类进口农产品的增加，而增加进口的农产品，绝大多数是为了弥补国内优质品供给的不足。这些情况表明，过去那种单纯追求农产品产量增长的农业指导思想，已不能适应 20 世纪 90 年代的农产品市场需求；而过去那种认为只要农业增产农民就能增收的观念，也受到了严峻的挑战。因此，无论是为满足需求计，还是为增加农民的收入计，农业生产都必须尽快地完成从单纯追求数量增长到数量与质量并重的指导思

想的转换，实现农产品从追求数量到增加品种、提高质量的转换。

二是乡镇企业开始出现了吸收新增就业者能力下降的趋势。自20世纪80年代中期乡镇企业异军突起以来，迅速地成为农村剩余劳动力转移、农民收入增长的一个重要支柱。但在20世纪80年代末，乡镇企业中的就业者人数却首次出现了绝对数下降的现象。进入20世纪90年代以后，乡镇企业的产值高速增长，但新增就业者的人数却与此不成比例，就业弹性明显降低，致使近年新增的农村劳动者，大多数只能到耕地上去就业，使得本来压力就极大的耕地的就业负荷进一步加重。乡镇企业出现的吸收新增就业者能力下降的趋势，使得20世纪80年代中期产生的认为只要乡镇企业发展，农业剩余劳动者的转移就有了出路的思路受到了极大的挑战。近年的事实表明，乡镇企业正在出现以资本替代劳动的趋势，因此，产值的高速增长并没能相应地带来农业剩余劳动者的快速转移。这就使得解决我国农村劳动者的充分就业问题，出现了更为复杂的局面。

无论是农产品的品质问题，还是农业剩余劳动者的转移就业问题，归根到底，都将表现为农民的收入增长问题。而正是上述两个问题的存在并日渐突出，才导致了近年农民实际收入增长的缓慢甚至停滞。农民的收入状况，不仅是一个反映农村经济状况的综合性最强的指标，而且对整个国民经济的全局有着重大的影响。因为农民的收入状况最终也将决定国内市场的状况，农民收入增长的缓慢和停滞，极大地制约着工业和商业的增长。在农村经济经历了20世纪80年代的改革和发展，绝大多数的农民在解决了温饱问题之后，进入20世纪90年代农民最大最迫切的心愿，就是实现小康的目标。但事与愿违，农民得到的却是收入增长的减缓甚至停滞，这不能不说是对广大农民的一个打击。自从农村经济改革以来，农民收入增长的动因已经发生了几次阶段性的变化。从改革之初到20世纪80年代中期，农民收入增长的主动因，是粮、棉、油等初级农产品的持续大幅度增产；20世纪80年代中期之后，由于市场价格等原因，初级农产品的增长势头受挫，但乡镇企业正好异军突起，农村产业结构的调整、农业剩余劳动力的迅速转移、农村非农产业的大发展，构成了20世纪80年代后期农民收入增长的主动因；但进入20世纪90年代以来，如前所述，由于农产品的品质问题，以及农民向乡镇企业转移就业的困难，至今尚未形成农民收入增长的新的主动因。由此可见，在20世纪90年代，农村经济发展所面临的最突出的矛盾，是如何促使农民收入的持续增长。20世纪90年代中国农村经济发展所面临的新课题，是纷繁复杂的，既要研究在建立市场经济体制的情况下如何加强农业的基础地位，又要研究农村众多的劳动者如何实现较充分的就业，还要研究我国在加入关贸总协定之后如何保持中国农业的竞争力，等等。但归根结底，所有这些问题都要落实到农民收入的增长状况上。因为只有保持农民收入的持续增长，才能保持农民发展生产的积极性，也才能使我国的农村经济顺利地迈进21世纪，为整个国民经济的现代化奠定坚实的基础。

2. 农村改革的背景

中国的经济体制改革，之所以会率先在农村突破，并在整个改革的过程中，农村改革始终保持着一定的超前性，成为社会经济生活中大量新事物的重要生长点，应该说是有其必然的原因的。这个原因，就是农村经济在原有的国民经济发展格局中，始终处于最为不利的地位，以及农村经济在长期封闭的状况下，所积累起来的种种难以解决而又必须解决的矛盾。要了解这一点，我们就必须了解农村经济在改革之前的基本状况。

2.1　农村原经济体制的形成及其运行机制

自封建社会以后，直到中华人民共和国成立之前，中国的农村经济一直存在着几个显著的特点。第一，土地实行私有制，但土地所有权的分布极不平衡，少数地主占有较多的土地，而多数农民只占有较少的土地；第二，农民以家庭为单位，以自有或租佃来的土地实行规模细小的农业经营；第三，在家庭经营中，农业与畜牧业、手工业和家庭副业相结合，以综合利用农业的副产品和充裕的劳动力，农民生产和生活的必需品自给程度较高；第四，商品市场关系发育较早，剩余农产品的市场交换、土地的买卖和劳动力的流动等，都比较自由。中华人民共和国成立前后，中国共产党领导广大农民实行了土地改革，铲除了封建的地主土地所有制，使土地所有权的分布，基本实现了平均化。但土改并没有消灭农村土地的私有制，而是通过平均地权实现了“耕者有其田”的普通农民的理想。因此，在中华人民共和国成立的初期，中国农村经济的上述特点，基本都未发生重大的变化，只是消灭了土地的地主所有制及由此形成的土地的租佃关系，使广大农民都变成了自耕农。但是，在漫长的封建社会中，在封建王朝建立初期，统治者大多实行过某种程度的平均地权，以缓解地主阶级与贫苦农民的尖锐矛盾，恢复被严重破坏的农业生产。然而，这并不能阻止小农户的破产和大地产的形成。因此，实行土地改革之后，如何防止历史上反复发生的土地所有权从平均化到兼并、形成大地产的轮回，显然是新生的人民政权必须认真对待的一个现实问题。正是基于对这一问题的考虑，在土改之后，党就及时地发出了开展互助合作的号召，推行互助组和初级农业生产合作社。从农户家庭的单干，到互助组，再到初级社，这中间无论是农业生产的组织方式，还是劳动成果的分配形式，显然都发生了一系列重大的变化。但是，土地仍属于农民私有，这一农村经济中的基本制度并没有发生变化。因此，改革之前的那种以土地集体公有为基础的农村经济体制，实际上是在初级社消亡、高级社建立之后，才逐步形成的。

一、高级社的建立，铲除了农村土地的私有制

在农业生产互助组阶段，农民只是在具体的生产过程中打破了家庭的界限，在各个生产环节上实行互助，而属于各户的土地并没有合到一起，各户土地上收获的农产品，还是归各户所有，只是须根据地亩来分摊生产的共同费用，以及结算相互间的互助费用。这是一种不改变生产资料的归属、劳动者通过

生产过程中的协作，来解决生产要素分布不均匀的经营形式。这种形式对于一些缺乏劳动力和耕畜的农户来说，确实具有相当重要的作用。

初级农业生产合作社的情况与互助组则大有不同。尽管土地属农户私有的性质并没有改变，但加入初级社，农户的土地是必须以入股的形式，交由社里统一经营的。劳动成果也由社里统一分配，只是保留了入股土地的分红，以体现土地所有者的权益。在这种情况下，每一块具体耕地的产出状况，与这块耕地的所有者已经没有了直接的经济联系，所有的农户都必须根据全社的经营状况，才能决定自己的收益。从这个意义上讲，初级农业生产合作社尽管保留了农户土地的私有权，但农户实际上已经失去了对土地的直接支配权，这个变化对习惯于家庭经营的农户来说，实在是太深刻了。

然而，当初级社刚在一部分地区实行了短短的两三年，到1955年夏季以后，一场以普遍建立高级社为目标的“农村社会主义高潮”即迅速地席卷了整个农村。1955年7月31日，在中共中央召集的省、市、自治区负责人会议上，毛泽东主席作了《关于农业合作化问题》的报告。毛泽东在报告中否定了1953年和1955年春对合作社的两次整顿工作，批评了主张发展合作社要稳步前进的同志，说他们像小脚女人，对合作化运动评头品足，不适当的埋怨，无穷的忧虑，数不尽的清规戒律，看不到主流，犯了右倾的错误。毛泽东在报告中认为，农村不久将出现一个全国性的社会主义改造高潮。同年12月底，毛泽东为《中国农村的社会主义高潮》一书作序。序言中说，1955年下半年，中国的情况起了一个根本的变化。中国的1.1亿农户中，已有0.7亿农户加入了半社会主义的农业生产合作社。这件事告诉我们，只需要1956年一年，就可以基本上完成农业方面的半社会主义的合作化。到1959年或1960年，就可以基本上完成合作社由半社会主义到全社会主义的转变。但由于“社会主义高潮”的席卷，农村合作化，尤其是兴办高级社的发展速度，比毛泽东的估计还要快得多。1956年3月4日《人民日报》的社论《普遍整顿合作社，开展春耕生产》中指出，到1956年2月中旬，全国加入农业生产合作社的农户，已占总数的85%，其中加入高级社的农户，已占全国农户总数的48%。而到1956年年底，参加农业生产合作社的农户，已占总农户的96.3%，其中参加高级社的农户，占全国农户总数的88%。至此，实际上只用了从1955年夏到1956年年底的一年半时间，就不仅实现了农村的合作化，而且基本实现了取消土地私有制的高级农业生产合作社的普遍化。

我国农村的土地改革，是在1952年年底才基本结束的。对于占农村人口大多数的新解放区农民来说，经土改确认真正拥有一块属于自己的土地，仅仅只有短短的四五年时间，然后，所有的土地就无偿地转变为集体公有了。而在这短短的四五年中，我国农业的经营形式，却先后经历了私有土地上的分户经营、私有土地上的互助经营、私有土地上的合作统一经营，以及集体公有土地上的集中统一经营这样几个大的变化。不难想象，无论是土地所有权关系的变化，还是农业经营形式的变化，对广大农民来说，都是过于急促、难以适应的。更何况直到1956年，实际上还有相当数量的农户一直保持着在自有土地上的分户经营，他们连互助组、初级社都没有加入过，就“一步登天”地迈入了土地集体公有的高级农业生产合作社。

高级农业生产合作社的性质及其基本特征，在1955年11月9日全国人民代表大会常务委员会第24次会议上通过的《农业生产合作社示范章程草案》[1]中讲得很清楚："农业生产合作社是劳动农民的集体经济组织，是农民在共产党和人民政府的领导和帮助下，按照自愿和互利的原则组织起来的；它统一地使用社员的土地、耕畜、农具等主要生产资料，并且逐步地把这些生产资料公有化；它组织社员进行共同的劳动，统一地分配社员的共同劳动的成果。""高级阶段的合作社属于完全的社会主义的性质。在这种合作社里，社员的土地和合作社所需要的别的生产资料，都已经公有化了。"据此，高级农业生产合作社的性质和基本特征可以概括为：生产资料集体公有基础上的统一经营、共同劳动、统一分配。在这种性质和特征基础上形成的农村经济体制，一直运行到实行农村经济体制的改革，它总共运行了约 25 年的时间。尽管高级社普遍建立之后不久，又迅速地在全国农村建立了人民公社体制，但高级社的性质和基本特征并没有改变。因此可以说，高级社的建立，是我国改革前农村经济体制基本形成的标志。

二、建立"一大二公"的人民公社体制

1956 年 9 月 12 日，中共中央、国务院发出的《关于加强农业生产合作社的生产领导和组织建设的指示》中指出："在目前条件下，合作社的规模，山区以 100 户左右，丘陵区 200 户左右，平原区 300 户左右为适宜，超过 300 户以上的大村也可以一村一社。今后建社并社的时候，应该按照这种规模进行。"但时隔 1 年半，中共中央在 1958 年 3 月召开的成都会议上，即提出了《关于把小型的农业合作社适当地合并为大社的

[1] 1956年3月17日全国人大常委会第33次会议将该草案按原案通过，成为正式章程。

意见》，提出："为了适应农业生产和文化革命的需要，在有条件的地方，把小型的农业合作社有计划地适当地合并为大型的合作社是必要的。"随即，在全国农村即展开了并社工作。据《农村工作通讯》1958年第10期发表的《辽宁省并社运动》一文称："根据中央关于并社问题的指示精神和群众的迫切要求，我省于今年5月间进行一次并大社的工作。经过合并，全省由9600个社并成1461个大社，平均每社2000户左右，其中万户以上的社9个，最大的1.8万户。并大社的同时，调整了乡的规模。全省由2854个乡合并成1226个乡，其中一乡一社的占83％。基本上是一乡一社。"从这篇文章所谈到的情况来看，当时的并社确实是一场涉及面极广、规模极大而整个过程又是时间极为短促的大运动，它实际上是实行人民公社体制的前奏，由此也改变了中央在1年半前才提出的社的规模以100~300户为宜、大村搞一村一社的要求。

1958年7月1日，陈伯达在北京大学庆祝"七一"大会上的讲演中，引用了毛泽东的一段话："毛泽东同志说，我们的方向，应该逐步地有次序地把'工（工业）、农（农业）、商（交换）、学（文化教育）、兵（民兵，即全民武装）'组成一个大公社，从而构成为我国社会的基本单位。在这样的公社里面，工业、农业和交换是人们的物质生活；文化教育是反映这种物质生活的人们的精神生活；全民武装是为着保护这种物质生活和精神生活，在全世界上人剥削人的制度还没有彻底消灭以前，这种全民武装是完全必要的。毛泽东同志关于这种公社的思想，是从现实生活的经验所得的结论。"这是第一次向社会传达了毛泽东关于组建公社并以公社作为社会基本单位的思想。时隔不久，《人民日报》于同年8月13日发表了《毛泽东视察山东农村》的报道，披露了毛泽东8月9日在山东农村视察时所讲的“还是办人民公社好，它的好处是，可以把工、农、商、学、兵合在一起，便于领导”的话。之后，全国农村即迅速地进入了实现人民公社化的大规模运动。

1958年9月1日，《人民日报》报道了中央政治局在北戴河举行扩大会议的消息，报道中说：“会议热烈地讨论了在全国农村中建立人民公社的问题。会议指出，把规模较小的农业生产合作社合并和改变为规模较大的、工农商学兵合一的、乡社合一的、集体化程度更高的人民公社，是目前农村生产飞跃发展、农民觉悟迅速提高的必然趋势。人民公社是加速社会主义建设和过渡到共产主义的一种最好的组织形式，并将发展成为未来的共产主义社会的基层单位。”这次扩大会议于8月29日通过了《中共中央关于在农村建立人民公社问题的决议》，明确提出：“社的组织规模，就目前说，一般以一乡一社、2000户左右较为合适”，“人民公社进一步发展的趋势，有可能以县为单位组成联社。”对并社过程中的财产关系问题，决议要求：“若干社合并成一个大社，他们的公共财产、社内和社外的债务等，不会是完全相同的，在并社过程中，应该以共产主义精神去教育干部和群众，承认这种差别，不要采取算细账、找平补齐的办法，不要去斤斤计较小事。”决议还要求人民公社建成以后，不要忙于改集体所有制为全民所有制，也不必忙于改变原有的分配制度。此后，《红旗》杂志于1958年9月1日发表了《迎接人民公社化的高潮》的社论，《人民日报》则于9月10日发表了《先把人民公社的架子搭起来》的社论。在这种轰轰烈烈的气氛中，到1958年9月底，全国已基本实现了人民公社化。据原中共中央农村工作部9月30日的《人民公社化运动简报》第4期称，“运动从7月份开始发展，8月份普遍规划、试办，9月份进入全面高潮，高潮时期前后仅1个多月”，“截至9月29日统计：全国共建立起人民公社23384个，加入农户112174651户，占总农户的90.4%，每社平均4797户。河南、吉林等13个省，已有94个县以县为单位，建立了县人民公社或县联社。”整个农村人民公社的体制，实际上就是在这样短短的两三个月之中建立起来的。

人民公社体制的基本特点，是一“大”二“公”、政社合一。所谓一“大”，就是规模大，一乡一社，几千农户、几万人口为一个公社。按建立人民公社之初的想法，整个公社为一个经济核算单位，原来的高级社只是生产耕作区，不实行单独的经济核算。劳动力在全社范围内进行统一安排，提出了所谓“组织军事化，行动战斗化，生活集体化”的口号，组成所谓“野战部队”（外出采矿炼铁）、“地方部队”（社内农业生产）、“后勤部队”（手工业、副业和食堂、幼儿园等）。所谓“公”，就是生产资料的公有化程度高。经过人民公社化运动，除了农户自有的生活资料，整个农村所有的生产资料都已转为归公社集体所有。1958年9月10日《人民日报》社论《先把人民公社的架子搭起来》中，对这一问题讲得很清楚：“一般地说，目前仍然私有的生产资料应当转为公社所有；个人生活资料必须坚决不动，并且应当向群众说清楚；有些既可以说是生产资料也可以说是生活资料的，如少数猪、羊、鸡、鸭和零星果木等，一般也不要忙于去动它；原来农业合作社的财产和公共积累，应当转入公社，一律不许自作处理；社员的股份基金，过一二年生产有了更大的发展，群众的觉悟进一步提高之后，再作处理。”所谓“政社合一”，就是以乡为单位的农村集体经济组织，与乡政府的合一，实际上就是乡政府行使管理农村经营活动的权力。1958年9月1日发表的《红旗》杂志第7期社论《迎接人民公社化的高潮》中指出："农业社不但必须成为农业、林业、牧业、副业、渔业的综合经营单位，而且必须成为工农商学兵的统一组织单位。这样，实现乡人民委员会和农业社的合一，就有利于集中统一的领导和社会生产力的大发展，而乡社分开就完全没有必要了。"很明显，当时发动人民公社化运动，并不单纯是为了进行农村经营和经济体制方面的变动，而且是把它当作一场社会革命来看待的。建立人民公社的主要目的，是要建立工农商学兵的统一的社会基层组织单位，以便于党和政府对社会一切方面的集中统一领导。当然，工、农、商、学、兵要真正发展起来，并不是那么简单的事。因此，人民公社建立之后，受触动最大的还是农村的经济关系。在当时，人民公社名义上还是集体所有制的，但由于几个乃至几十个高级社在一夜之间被并入一个大公社，而公社又实行政社合一的领导，因此，集体财产和劳动力被平调的现象十分严重。不仅如此，在高级社时农民还保留着的那么一点点自营经济，在公社化的高潮中也被彻底扫除干净。1958年《红旗》杂志第7期社论《迎接人民公社化的高潮》就提出："由于集体劳动的需要日益增长，由于公共食堂普及到全体社员，社员自己经营自留地和养猪已经成为不可能和不必要了。"因此，从经济关系来看，人民公社化运动所达到的目的，就是实现农村生产资料的完全公有化、农村经济活动的高度集中统一化、农民收入分配的极大平均化。而这种明显违背经济规律的做法，显然是难以持久的。因此，当人民公社化的高潮刚刚过去，严重的经济问题就迫使人们冷静下来，并不得不对建立人民公社的初衷作出必要的修正。

三、人民公社体制的调整，“三级所有、队为基础”体制的确立

1959年1月18日，新华社播发了广东分社记者所写的一篇题为《新会县人民公社在发放第一次工资后出勤率、劳动效率为什么普遍下降》的报道，具体描述了“人民公社化高潮”过后，农民的实际心态和行为，“大泽公社在发放工资后出现了‘四多四少’：①吃饭的人多，出勤的人少；②装病的人多，吃药的人少；③学懒的人多，学勤的人少；④读书的人多，劳动的人少。类似现象在其他公社也普遍存在。礼乐公社发工资后10天左右，出勤率普遍降了五六成。礼东管理区领工资的600人，出勤的只有300人。同时，没病装病、小病装大病、没有月经装有月经或借口照顾小孩而不出勤的人也不少，一些原来劳动态度差的现在更差，原来劳动态度较好的也因受影响而消极”。“劳动效率和劳动质量也普遍下降。礼乐公社去年担肥下田时是互相追赶，争先恐后；而现在则是互相让路、等待，再不争先恐后了。原来每天可送200担的，现在只送五六十担；过去能担100斤的，现在则担50斤；过去1人挑的，现在2人抬。”之所以刚发第一次工资就会出现这样的情况，记者认为主要是分配比例中供给部分多、工资部分少，压抑了群众的积极性，以及没有建立劳动责任制，因此造成窝工浪费和消极怠工。记者引用农民和基层干部的话说：“‘共产主义的成分太多了’。‘包（指供给）多是搞坏了，包那样多谁还愿意积极呀！’‘干不干，三餐饭；做多做少，一样吃饱’。‘出工自由化、吃饭战斗化、收工集体化’。”显然，农民群众生产积极性明显下降的情况，在人民公社成立之后不久是普遍存在的。一方面是“食之者众、生之者寡”，而另一方面又要

强调公社化好，于是就出现了极为严重的共产风、浮夸风、命令风、干部特殊风和对生产的瞎指挥风。这“五风”严重地破坏了农村的生产力，致使20世纪50年代末60年代初，整个农村经济几乎被推到了崩溃的边缘。

正是农村经济出现的这种混乱和衰退状况，使人们逐渐认识到，实行人民公社化之后，从经济角度来看，在财产关系和分配制度方面确实存在着严重的问题。1960年11月，中共中央发出了《关于农村人民公社当前政策问题的紧急指示信》，针对当时农村普遍存在的对生产资料的一平二调问题，强调“三级所有、队为基础，是现阶段人民公社的根本制度”。但是，这时讲的“队为基础”，实际讲的是生产大队，强调生产大队是农村基本生产资料的所有者，是农村的基本核算单位，而生产小队只是向生产大队包产的作业单位。生产大队将一部分劳动力、土地、耕畜、农具固定给生产小队使用，并对生产小队实行包产、包干、包成本和超产奖励的“三包一奖”制度。生产小队在包产任务以内的农产品和其他经营收入，都要上缴给生产大队，即使是超产的部分，也要按照规定的比例，上缴一部分给生产大队，由大队来实行统一分配。生产小队在完成包干任务以后，超额获得的农产品和其他经营收入，有一部分可以分配给本小队的社员，另一部分可以留作小队的公共积累。实际上生产小队只具有很小部分的分配权和数额相当有限的小队集体财产。

显然，这种“三级所有、队为基础”的体制，虽然基本解决了公社及大队与大队之间无偿平调、占用生产资料的问题，但生产单位与核算单位不一致、一个大队内各小队之间吃大锅饭、搞平均主义分配的问题，却仍然没有解决，这对于发挥各生产小队的积极性，仍然相当不利。针对这一情况，中共中央于1962年2月又发出了《关于改变农村人民公社基本核算单位问题的指示》，明确指出，以生产大队为基本核算单位，存在着分配与生产不相适应的问题，直接组织生产的单位是生产小队，而统一分配的单位却是生产大队，这之间存在较大的矛盾。因此，党中央认为，把基本核算单位从大队下放到生产小队，使生产小队既有生产管理权，又有分配的决定权，使生产和分配统一起来，这样有利于克服小队与小队之间的平均主义，有利于保障生产小队的自主权和调动它的积极性。从《关于改变农村人民公社基本核算单位问题的指示》发出之后，人民公社内部的组织关系统一规范为社、大队和生产队三级组织形式，全国绝大多数地方，都实行了以生产队为基本核算单位的体制，只有少部分地方仍然保留了以生产大队为核算单位的体制。对于实行以生产队为农村基本核算单位的体制，《关于改变农村人民公社基本核算单位问题的指示》强调绝非是一种权宜之计，要至少保持30年不变。

实行以生产队为基本核算单位后，农村基本生产资料的所有权关系，实际上也发生了一次较大的调整。原来明确属大队所有，只是固定给生产队使用的土地，在大多数地方都改为属生产队集体所有了；而原来固定给生产队使用的耕畜、农具等，也都明确所有权属生产队。而实际上这些重新明确所有权属生产队的土地、耕畜和农具，在几年以前，本来也就是属这些生产队所有的。以生产队为基本核算单位，不仅是对人民公社内部经济关系的一次重大调整，而且还是对自高级社成立以后农村就已形成的核算单位和收入分配制度的一次重大变更。因为重新作为基本核算单位的生产队，其规模实际上就相当于1956年以前的初级农业生产合作社。实行高级社之后，收入分配权集中到了高级社，实际上就已经存在着高级社内部生产队之间搞平均主义分配的问题，只是因为高级社的时间比较短，问题暴露得还不够充分而已。所以，1962 年将农村的基本核算单位确定为生产队，等于恢复到了在原初级社的规模范围内进行统一核算、统一分配。当时的农民将这一做法普遍称为“公社的牌子、高级社的性质、初级社的规模”，意即公社的牌子没有变，但办公社之初的那种搞供给制、工资制、办食堂等“共产风”是不再刮了；土地已经属于集体公有，“土地分红”不存在了，其他主要的生产资料也都已属集体公有，这是相当于高级社的性质；而生产经营、经济核算、收入分配的范围，是在相当于原初级社的规模内进行。从这个意义上说，1958 年夏季设想的那种为加速向共产主义过渡的人民公社体制，至此就正式宣告失败了。在这以后，以生产队为基本核算单位的“三级所有、队为基础”的农村经济体制，就一直比较稳定地实行到农村经济体制的改革之前。

2.2 农村经济在当时国民经济格局中的地位

上一节所描述的主要是改革前农村内部的经营体制的演变和形成过程。实际上，农村内部经营体制的变化，并非是一个孤立的过程，而且也不能将这种变化，仅仅看作是部分领导者为实现自己的理想而完全凭主观意志推动的一种意识形态化的过程。不可否认，部分领导者的主观意志推动，对这个过程的发展确实起着很重要的作用，但归根结底，农村内部经营体制所发生的变化，与当时国民经济整体的发展战略，以及国民经济的整个体制格局，是有着紧密的内在联系的。

一、国家工业化的原始积累与主要农产品的统购统销制度

旧中国是一个工业极度落后的农业国。中华人民共和国成立之初，既面临着十分落后的国内经济这个现实，又面临着第二次世界大战后的东西方冷战局面和西方世界的经济封锁的威胁。因此，在经过短暂的国民经济恢复时期之后，党和政府即制定了尽快实现国家工业化，并要优先发展重工业的国民经济发展目标。

优先发展重工业的国家工业化战略，面临的最大实际困难，就是资金的缺乏。重工业建设，不仅投资规模巨大，更主要的是重工业是一种资本密集为主的投资，平均每个就业岗位所要占用的投资资金数额，明显地要高于轻工业和商业服务业。此外，重工业在很大程度上又是一个自我循环的部门，其产品不断地用来扩大和装备自身，只有一部分被用去装备轻工业和其他部门，这样，重工业就不断地需要新的投资，不断地开设新的项目。因此，重工业具有投资资金需求大、投资形成生产能力慢、投资资金回收时间长等特点。但在中华人民共和国成立之初，国家的经济基础很差，经历了长期的战争之后，国家一切都处于百废待兴的状况，方方面面都需要资金；由于西方国家对我们实行经济封锁，从西方国家争取资金援助的可能性是根本不存在的。当时唯一有可能对我国的工业化进行资金、技术和设备上援助的，只有苏联。但众所周知，实际上苏联对我们的援助也很有限，而且主要是集中在一些大的项目方面。因此，如何尽可能地提高我国国内资金的积累率，就成了实现国家工业化发展战略的关键性问题。

在当时，重工业正处于刚开始投资阶段，它本身尚需要

投入大量的资金，不可能在短期内提供积累资金；轻工业企业规模小，技术装备落后，且总体来看在国民经济中所占的比重很低，能为国家提供工业化积累的资金实际上也很有限。正因为如此，在当时那种特定的历史条件下，为国家工业化提供积累资金的主要任务，必然历史地落到了农业和农民的肩上。

1952 年，我国工农业总产值为 810 亿元，其中农业总产值为 461 亿元，占工农业总产值的 56.9%，工业总产值为 349 亿元，占工农业总产值的 43.1%；工业产值中轻工业产值为 225 亿元，只占工农业总产值的 27.8%。[1] 而同年的社会总产值构成中，农业占 45.42%、工业占 34.38%、建筑业占 5.62%、运输业占 3.45%、商业占 11.13%。[2] 从国民经济的这种大的结构来看，农业所占的比重最高，因此，承担为国家工业化积累资金的任务，也注定将最为沉重。

但是，农村也有自己的特点。一是农村人口众多，1952 年年底全国共有 57482 万人，其中乡村人口为 50319 万人，占全国总人口的 87.54%；[3] 二是农村经济的自给程度高，农村的产出，除满足农民的自我消费之外，能作为剩余转化为工业化积累资金的，实际上数量也相当有限，况且以 1952 年的农业总产值与农村人口计，平均每一农村人口所占有的农业总产值，仅有 91.62 元。更为突出的是农业生产单位高度分散，即使每个农户多少能提供一点积累，但采取什么方式，从这高度分散的

❶ 国家统计局编：《中国统计年鉴》（1993），中国统计出版社1993年版，第57页。

❷ 国家统计局编：《中国统计年鉴》（1993），中国统计出版社1993年版，第53页。

❸ 同上书，第87页。

1.1亿农户手中，将积累资金集中起来，这显然也是一个非常现实但又极为困难的事。当时的农村，经济结构比较单一，除了少量家庭副业和手工业之外，基本的产业就是种植业。而在种植业中，粮食生产又占据着极高的比重。1952年，在我国的种植业总播种面积中，粮食作物的播种面积占据了87.8%。其次就是棉花，它的播种面积占农作物总播种面积的8.8%。粮、棉这两项，就占农作物总播种面积的96.6%[1]。由此可见，要想从农村和农民那里提取积累，关键的问题是必须抓住粮食和棉花这两大农产品。

中华人民共和国成立以后，由于农村实行了土地改革，农民的生产积极性高涨，粮食和棉花的产量都有较大幅度的增长。1952年，我国粮棉总产量分别达16392万吨和130.4万吨，比1949年分别增长了44.8%和193.7%[2]，比解放前的历史最高年产量（1936年），分别增长了9.3%和153.6%[3]。但是，尽管粮食有较大的增产，却仍如陈云同志在当时讲的那样："因为经济作物面积扩大，农民在土改后生活改善而多吃，粮食情况一般是紧的。"[4]由于经济作物的播种面积扩大了，农民必须购买的生活必需品和农用生产资料，可以用出售经济作物获得的货币来购买，因此自家就可以多留、多吃一点粮食。1952年，国营和供销合作社在国内纯购进粮食3101万吨，占当年

❶ 国家统计局编：《中国统计年鉴》（1993），中国统计出版社1993年版，第359页。

❷ 同上书，第365页。

❸ 同上书，第389页。

❹ 陈云著：《1952年财经工作的方针和任务》，《陈云文选》（1949—1956年），人民出版社1984年版，第159页。

国内粮食总产量的 18.9%[1]。一方面是农民并不愿意多卖粮，另一方面是粮食的需求在不断地增长，同时，从当时的经济情况看，又不可能采用高价格的办法去吸引农民多售粮。因此，唯一可行的办法，就是由政府对农民的一部分余粮实行征购的办法。陈云同志在 1952 年 1 月 15 日讲："由于今后若干年内我国粮食将不是宽裕的，而且城市人口将逐年增加，政府还须有粮食储备（备荒及必需的对外贸易），因此征购粮食是必要的。只要使人民充分了解征购意义，又能做到价格公平合理，并只购农民余粮中的一部分，则征购是可能的。目前先做准备工作，在 1952 年夏收时，采取合作社动员收购和地方政府下令征购的方式，重点试办，以观成效。如试验成功，即于 1952 年秋后扩大征购面，逐渐在全国实行。"[2]提出对粮食实行部分由政府征购的措施，固然是为了解决当时已经开始出现的城市粮食供求矛盾，但不是采取市场而是采用征购的办法，显然是基于这样两点判断：其一是农民手里尚有余粮，只是由于价格缺乏吸引力而不愿轻易售出；其二是当时的经济情况不允许用高价格来吸引农民自愿多售粮，因为粮价提高后，一是城市职工的工资水平势必也要提高，二是政府收购粮食出口将无利可图甚至需要补贴亏损。因此才必须采用行政手段来征购粮食。但用行政手段征购粮食时，粮价当然不可能对农民太有利，而要保证能征购到粮食，就必须建立有效的农村经济组织系统来作保障，因此陈云同志才讲到要"采取合作社动员收购和地方

[1] 国家统计局贸易物价统计司编：《中国贸易物价统计资料1952—1983》，中国统计出版社1984年版，第156页。

[2] 陈云著：《陈云文选》（1949—1956年），人民出版社1984年版，第160页。

政府下令征购的方式”来保证实行对粮食的部分征购。政府是无法直接面对1亿多农户去挨家挨户地征购粮食的，只有通过办合作社，将所有的农户都纳入严密的组织系统，粮食征购这件涉及面极广的工作才有可能实行。正因为如此，尽管陈云同志在向中央提交《1952年财经工作的方针和任务》时，就已提出粮食的征购问题，但真正实行粮食统购统销，则是1953年年底的事情。

1953年10月10日，陈云同志在全国粮食会议上作了“实行粮食统购统销”的讲话。1953年10月16日，中共中央作出《关于实行粮食的计划收购与计划供应的决议》，确定在11月底以前完成各级的动员和准备，12月初开始在全国范围内实行粮食的统购统销。同年11月19日，政务院第194次政务会议通过，并于11月23日发布了《政务院关于实行粮食的计划收购和计划供应的命令》，规定了实行粮食统购统销的具体办法[1]。陈云同志在全国粮食会议上的讲话中指出，预计1952年的粮食购销差额将达435万吨，但市场的粮食销量、军队和机关人口的口粮、国家的粮食储备却都不能减少，而160万吨出口粮中，“有100万吨是大豆，这主要是用来跟苏联等国换机器的，27万吨是跟锡兰换橡胶的，还有一些是向其他国家的出口。所有这些出口，都是必要的”。既然粮食的销售减不下来，当然就必须增加收购，否则粮食的供求关系必然发生混乱。陈云在讲话中指出：“粮食混乱的后果是什么呢？过去我们说物资充足，物价稳定，一个是指纱布，一个是指粮食。纱布和粮食相比较，粮食更重要。粮食波动就要影响物价。1950

[1] 陈云著：《陈云文选》（1949—1956年），人民出版社1984年版，第202页。

年和1951年，纱布提价1/4，对市场物价有影响，但是不大。如果粮价上涨1/4，那对劳动者的影响就大了。他们的收入，用在吃的方面的占60%~70%，用在穿的方面的只不过占10%左右。而吃的东西，如蔬菜、猪肉和鸡蛋等，价格统统是跟着粮食走的。粮价涨了，物价就要全面涨。物价一涨，工资要跟着涨。工资一涨，预算就要超过。这样一来，就会造成人心恐慌，人民政府成立以后老百姓叫好的物价稳定这一条，就有丢掉的危险。从这里也可以看出，粮食的情况是严重的，必须采取坚决的措施，加以解决。”[1]可以说，粮食统购统销制度的出台，不仅仅是短期的粮食供求矛盾突出才引起的，它实际是基于对当时国内经济和社会、政治形势的理解，而制定的一项重大政策措施。同时也可以说，这是为了实现国家工业化的战略目标、实现建立计划经济体制，而不得不实行的一项具有必然性的政策。

陈云同志在这次讲话中谈到了形势的严峻性时指出：“如果继续采取自由购买的办法，我看中央人民政府就要天天做‘叫化子’，天天过‘年三十’。”为了解决这一矛盾，他说他考虑过多种办法：又征又配、只配不征、只征不配、原封不动、动员认购、合同预定以及让各地自行其是，等等。但他最终认为，“上面这些办法，看来只能实行第一种，又征又配，就是农村征购，城市配给。其他的办法都不可行”。但他同时又指出，如果对粮食实行又征又配的政策，“就要认真考虑一下会有什么毛病，会出什么乱子。全国有26万个乡，100万个自然村。如果10个自然村中有一个出毛病，那就是10万个自

[1] 陈云著：《陈云文选》（1949—1956年），人民出版社1984年版，第206页。

然村。逼死人或者打扁担以致暴动的事，都可能发生。农民的粮食不能自由支配了，虽然我们出钱，但他们不能待价而沽，很可能会影响生产情绪”。“但是，回过头来想一想，如果不这样做又怎么办？只有把外汇都用于进口粮食。那么办，就没有钱买机器设备，我们就不要建设了，工业也不要搞了。”[1]可见，实行粮食统购统销的最根本的目的，还是要保建设、为了要保实现国家工业化的战略目标。

实行粮食的统购统销，以支持国家的工业建设，这在当时也是不得已的办法。但实行了这个办法之后，对农村经济体制也就必然会产生多方面的影响，其中最主要的有以下三点：

一是必然要加快农村合作化的进程，否则统购统销制度就缺乏必要的组织保障。把农民都纳入一定的组织，目的不仅在于便于组织农民交粮以完成统购任务，因为要保证农民完成统购任务，首先必须让农民种那么多粮，否则就无粮可收。因此，把农民纳入一定的组织后，必须让农民按政府的要求来安排农作物的种植，不能自己想怎么种就怎么种，而最简便地实现这一点的做法，就是将农户所有的土地集中起来，实行集体统一种植。从初级社到高级社，实际上走的也正是这条路子，最后一直演变到政社合一的人民公社体制，那就是由政府直接来安排农业生产了。人民公社的地，种什么、种多少，打出粮以后，农民自己可以分多少、必须向政府的粮食部门交多少，这一切都由政府来决定。以至于有一个阶段出现了专门查各生产队所谓“瞒产私分”的问题，这就把整个事情都搞颠倒了。尽管从土地改革到互助组、初级社、高级社直到人民公社，之

[1] 陈云著：《陈云文选》（1949—1956年），人民出版社1984年版，第207—210页。

所以如此匆忙地只用了6年时间就走完了这个过程，不能说只是或主要是为了实行统购统销制度，但是，实行统购统销却是非要在农村建立起这样一种农民没有自主权的组织体制，这两者之间，是有着密不可分的内在联系的。

二是实行统购统销，必然要扭曲农产品的市场价格。实行统购统销既然是为了给国家工业化积累资金，那么，政府制定的统购统销价格，必然会低于正常的市场价格。我国粮食的收购价格，自1953年年底实行统购统销之后，直到1978年农村改革之前的26年中，一共只调整过两次收购价。第一次是1961年，粮食收购价上调了26.5%，第二次是1966年，粮食收购价上调了14.1%，然后就是改革之后的1979年又上调了20.1%。而在这几次调价之间，粮食收购价格是相当稳定的，根本反映不了粮食生产的丰歉和供求之间的变化。如从1954年到1960年的7年间，粮食购价平均每年只提高1.4%；而从1967年到1978年的12年间，粮食购价总共只提高了1.64%[1]。集市贸易上的粮食价格，直到1979—1983年，还始终保持在比国营牌价高130%~140%的水平[2]，可见国家制定的统购价格，对农民来说，确实是太低了。这样的价格，必然导致工农业产品交换的剪刀差不断扩大，农业中的积累不断被抽到工业和城市去的局面。但这正是为实现国家工业化目标而既定的方针之一。陈云同志在1953年8月6日的一次全国财经会议领导小组会上的发言指出："至于缩小工农业产品价格的剪刀差，这是我们的目标，共产党的政权必须这样做，不能忘记。革命就

---

❶ 国家统计局贸易物价统计司编：《中国贸易物价统计资料》（1952—1983年），中国统计出版社1984年版，第409页。

❷ 同上书，第398页。

是为了改善最大多数人民的生活，但是由于我们工业品少，也不要以为很快可以做到。这个问题我有责任说清楚，因为还要积累资金，扩大再生产。”[1]从农业中通过工农业产品交换的剪刀差，来提取国家工业化所需要的积累资金，这虽然保证了国家工业化建设的资金需要，但也破坏了农业和农村的积累机制，使农业和农村的发展，长期处于滞后的状态。

三是统购统销制度必然抑制农业市场的发展，况且，实行统购、派购的产品还不仅仅是粮食。这样，市场调节的机制被破坏，农业资源的配置越来越劣化，造成了农产品的全面紧缺。而在经济体制上，则是哪个产品供给短缺，就对哪个产品实行统购、派购，统、派购的价格，又都是由政府制定的偏低的价格，故而造成了越统越少、越少越统的恶性循环。统购制度最初从棉、粮开始，继而又扩大到油、糖、烟、蚕茧等，后又推出派购制度，把肉、禽、蛋直至水产品、水果及城郊的蔬菜等，都列入了派购的范围。派购，实际是按政府的需要，指定收购的品种、数量和价格，先满足政府的收购之后，方可由农村集体组织或农民家庭自行处理。因此，派购的本质与统购并无大的差别。由于派购任务不仅中央政府可以下达，各级地方政府也可根据当地情况自行下达，以致被纳入统、派购序列的农产品品种越来越多，在20世纪60年代初的困难时期，列入统、派购的农产品最多时达200多种，直到改革前的1978年，列入统、派购的农产品还达170多种。1957年8月17日，国务院曾发布《关于国家计划收购（统购）和统一收购的农产品和其他物资不准进入自由市场的规定》，明确规定：粮食、

[1] 陈云著：《陈云文选》（1949—1956年），人民出版社1984年版，第193—194页。

油料、棉花为国家计划收购（统购）物资，由国家实行计划收购。此外还规定，烤烟、麻类、甘蔗、蚕茧和土丝、茶叶、生猪、羊毛羊绒、皮张、核桃仁、杏仁、黑瓜子、白瓜子、栗子、集中产区的木材、出口用的苹果、柑橘、若干产鱼区供出口和大城市的水产品以及 38 种重要中药材等，都属国家统一收购的物资。规定为统一收购的物资都必须由国家委托的国营商业和供销社统一收购。不是国家委托的商店和商贩，一律不准收购。并且，属于统一收购的物资，即便是农民自己留用的部分，如果要出卖，也不准在市场上出售，必须卖给国家委托的收购商店。在实行了这些措施之后，农产品市场实际上就基本被关闭了，因为能够进入自由流转的农产品，在数量和品种上都已相当有限。大规模地实行农产品的统购和派购，实际就是向各地农村分配实物性的任务，这就抑制了各地自然和经济优势的发挥，各地必须按政府下达的任务来安排生产，而无法通过农产品的交换来满足社会的整体需求，这对于提高农业的整体生产水平和综合生产能力，是极为不利的。

总之，为了从农村中提取加快国家工业化所需的积累资金，我国长时期地实行了农产品的统购统销制度。这个制度的制定在当时也许是不得已的，但却是必要的，整个农村为此所付出的代价也是极为高昂的。这种代价，既表现在组织经营体制的失去活力上，也表现在农村经济发展的严重滞后上。

二、国民经济的原经济流程对农村经济的影响

中华人民共和国成立以后，特别是在 1956 年基本完成对农业、手工业和资本主义工商业的社会主义改造之后，我国在生产资料所有制的性质方面，片面追求扩大公有制的比例，提高公有制的"级别"，即不仅抑制个体和私营经济，也鼓励集

体公有制向全民所有（国有）制过渡。这固然与当时我们对“社会主义”的理解有关，但更直接地，则是与计划经济的体制有关。因为说到底，只有对国有制经济组织才能下达指令性计划，才能基本掌握它所创造的经济剩余。

在计划经济的体制下，国民经济的经济流程，是有其特定的目标的，这就是要将整个社会所创造的经济剩余，即可用于经济积累的资金，尽可能多地集中到政府手中，以使政府能够掌握全社会的大部分投资能力。正是为了实现这个目标，整个经济流程的设计就极有特点。其主要的特点可以概括为以下几个方面：

（1）政府对资金的统收统支。对国有企业来说，基本建设和固定资产的投资是政府给的，流动资金也是由政府核定的，而企业在生产中所创造的利润，除了正常纳税之外，其余的部分也都基本上交给政府。即政府出钱办企业，企业的利润归政府所有，政府用收来的利润再去办新的企业，如此循环。企业自身没有进行投资、扩大再生产的决定权。

（2）扭曲的价格体系。在计划经济体制下，重工业部门由于正处于不断扩张阶段，是一个需要大量投资的部门，而轻工业和商业，则是向政府提交利润的部门。显然，只有将社会各经济部门所创造的经济剩余，尽可能多地流向国有的轻工业和商业部门，才便于政府集中地收取这实际上是由社会各经济部门所创造的经济剩余。为此，就必须扭曲价格体系。在改革前的价格体系中，我们看到，有一部分商品的价格是被明显压低了的，如农产品、能源和原材料产品、外汇、资金等，而另一部分产品的价格则是被明显地抬高了的，这主要是加工制成品，如机器设备、轻纺产品等。之所以这样做，目的就是要尽可能地降低加工工业的生产成本，使加工工业能创造更高的利润。压低一部分产品的价格，目的是要让这些产品生产部门所创造的利润，流到加工工业部门去，而加工工业所创造的利润，则再由政府集中收取。这样，通过扭曲价格，就使政府以比较简便的方式，取得了社会大多数部门所创造的利润。于是我们就看到，在扭曲了价格体系的商品流通过程中，商品的流转，并非单纯地起着交换的作用，它同时也起着分配的功能：将社会各经济部门所创造的利润，分配到国有的加工工业部门中去。

（3）价税合一。如果可以使价格按政府的意愿扭曲，而且能够创造较多利润的部门本身就掌握在政府手里，那么，税收这个本来为政府最为重要的经济职能，就会变得不那么重要了。因为收税这个过程，可以通过压低政府定价的方式而省略或减轻，即使不征或少征税，只要能够低价收走产品，那么生产者创造的相当部分的利润，实际也就被收走了。如农产品，表面看来农业税的税负一直不重、税率一直是在降低，但通过大部分农产品由政府定价、政府收购的方式，农民实际上缴纳的“暗税”，数额是相当大的。在改革之前，我国财政收入总额中，来自各项税收的比重，一直是在下降的，1950 年时，这个比重为 75.12％，1957 年为 49.93%，到 1978 年时，仅为 46.32％[1]。这表明财政收入的增长，有相当大的部分并不是来自税收，而是来自对国有企业的利润收缴，而在收缴的国有企业的利润中，又有相当大的一部分，实际是通过扭曲价格、价税合一这种途径转移过来的。

（4）以补贴代收入。农产品实行统购统销、压低价格，

[1] 国家统计局编：《中国统计年鉴》（1993），中国统计出版社1993年版，第215、220页。

目的之一就是实行低工资制度。我国城镇居民生活费开支中用于食品的支出，曾长期保持在60%左右。因此，实行定量配给低价食品供应制度，满足了城镇居民的基本生活需求，就基本具备了实行低工资制度的条件。但是，除了吃之外，人们毕竟还有别的生活需求，如住房、医疗、子女就学、城市交通等。仅靠很低的工资水平显然不足以支付这些方面的费用，于是就对这些方面实行财政的补贴制度。一方面实行低工资制，另一方面又大量对城镇居民进行财政补贴，其实，这也是财政实行统收统支的一种表现。这之间的差别，无非是工资的使用可以多样化，而财政补贴则是有明确的定向的。

国民经济中原经济流程的这若干特点，集中起来就是要为实行计划经济的体制服务，为实施国家的工业化战略，使更多的积累资金能集中在政府的手中。

但这样一种经济流程，必然派生出对农村经济发展的种种不利影响。第一，实行对农产品的低价统、派购制度，扩大了工农业产品交换的剪刀差，压低了农民的收入，削弱了农业和农村经济的积累功能。第二，阻碍了农村的分工分业，抑制了农村产业结构的变革。因为这个经济流程尽管设计得极为精巧，但它必须有一个前提条件，那就是加工工业和商业必须基本掌握在政府手中，政府不仅可以对它们下达指令性计划，而且能够收缴它们的大部分利润。如果加工工业和商业企业不属政府所有，那么扭曲了的价格体系，就会使相当一部分被压低了价格的产品中的利润流失，到不了政府的手中。这导致农村工副业长期被压抑而得不到发展，处于流通领域中的本是农民组织的供销合作社、信用合作社，实际上也都被收归国有。第三，阻碍了农村劳动力的流动，特别是阻碍了农村劳动力向城镇的流动。尽管城镇职工都实行低工资制度，但政府财政对城镇居民的生活实际上却支付了大量的补贴，如果农村劳动力要进城就业，客观上就要享受政府的各种财政补贴，而这又势必突破预算，超越政府财政的支付能力，因此只能搞强制性的“劳力归田”，使农村的就业问题日益严重。很明显，原有的经济流程严重地抑制了农村经济活跃的任何可能性，也进一步强化了那种僵化的、高度集中的、统一经营与统一分配的农村经济体制。

2.3 农村改革的基础：“包产到户”的三起三落

很多人都了解，“包产到户”这种农业经营形式，实际上并不是在党的十一届三中全会之后才被农民创造的，它早在1956年秋天，即高级社刚刚普及，但尚未运转一个生产周期时就已经出现过；后来在20世纪50年代末60年代初，又曾两次出现过。所不同的是，前三次农村的“包产到户”都遭到了严厉的批判，没能站住脚；而党的十一届三中全会后的这一次“包产到户”，则如火如荼，迅速普及各地农村，被党中央和国务院誉为“中国农民的伟大创造”，并作为我国农村经济中的一项基本制度的重要内容而确立了下来。因此，可以认为，广大农民对于改革原有的农村集体经济体制的愿望，是由来已久了，并且已经三次较大规模地付诸行动，只是在那种“左”的思想路线指导下没有取得成功。但这毕竟告诉人们，农村中实行改革的基础是极其深厚的，因此，在党的十一届三中全会制定的实事求是的思想路线指导下，有了邓小平同志主持设计的改革开放的政策这样一种大背景，农村中实行改革的愿望，必然会像火山爆发一样喷射出来。

如前所述，从1955年夏季以后，到1956年年底，在这短短的一年时间中，全国农村就普遍实现了土地等生产资料公有的高级社。应该说，当时的绝大多数农民并不真正清楚这种巨大的变化对他们到底意味着什么。他们只是根据党带领他们斗地主、分田地的经验，怀着对党、对毛泽东同志深厚的感情和毫无保留的信赖，认定了按党和毛主席指出的路走就绝对错不了，因此，交出了他们无限爱恋的土地和耕畜，缴纳了入社股金，就加入了高级社。但是入社之后，他们感到实际上矛盾很多。最突出的问题，就是如何评价每个人所付出的劳动，如何确定他所付出的劳动的数量与质量？全社实行统一经营、集体劳动、统一分配，怎样去衡量谁干得多、谁干得少、谁干得差、谁干得好？并且在分配劳动成果时能充分体现这一点。显然，这是需要有具体的生产组织形式的。

正是在这样的背景下，高级社成立之后，各地农民就都纷纷开始寻求社内有效的生产组织形式。按照1956年6月30日第一届全国人大第三次会议通过的《高级农业生产合作社示范章程》的规定，高级社应根据生产经营的范围、生产上的分工的需要和社员的情况，把社员分成若干个田间生产队和副业生产小组或副业生产队，实行定额管理，并以劳动日作为报酬的计算单位。高级社下属的田间生产队，其人员规模与原初级社大体相同，但它不是独立的核算单位，也没有分配权。在农业中实行定额管理，是一件极为繁琐的事情，因为农活的种类太多，差别太大，且同一类农活在不同的自然条件下，所要付出的实际劳动量又大不相同，监督、检查也相当困难。正是因为这样，定额管理并以劳动日作社员报酬的计量单位，实际上并不能解决社员与社员之间吃大锅饭、队与队之间吃大锅饭这样两个平均主义的问题。农民们发现，只有联系农作物的最终产量来计算劳动者的报酬，才能准确地评价劳动者所付出的劳动。于是，就出现了“包产到队”“包产到组”和“包产到户”。总之，农民感到，根据农业生产的特点，“包”的单位越小，评价劳动者所付出劳动的准确性就越高，而包到了户之后，家庭内部的劳动成员之间就可以不必计较谁付出的劳动的多少，因此生产管理的成本就最低，社员之间因计算报酬问题而发生的纠纷和摩擦的可能性也最小。因此，1956 年秋，安徽、四川、江苏、浙江、河北、广东等许多地方的农村，都实行了以“包产到户”为特征的农业生产责任制。与此同时，《人民日报》从 1956 年 9 月 1 日到 1957 年 3 月 23 日，连续发表了《关于社员个人和生产小组的“包工包产”》《包产不可包到生产小组》《不可把农业社的生产单位化小为单家独户》等署名文章，对包产，特别是对包产包到生产队以下的小组和户，表示不赞成。但总的来说，在这一阶段，关于“包产到户”问题的争论，还属于工作讨论的性质，并没有搞“戴帽子”“打棍子”。尽管报纸上在争论，但实践中，“包产到户”却仍在发展。与此同时，部分地区又出现了闹分社和闹退社的问题，加上到 1957 年夏，城市开始了反右斗争，在这种背景下，对“包产到户”的讨论，就迅速地转为两条道路问题的斗争了。1957 年 8 月 8 日，中共中央发出《关于向全体农村人口进行一次大规模的社会主义教育的指示》，明确教育的中心题目是：第一，合作社优越性问题；第二，粮食和其他农产品统购统销问题；第三，工农关系问题；第四，肃反和遵守法制问题。教育的方式主要是搞辩论，并明确指出，对于这些问题的辩论，实质上是关于社会主义和资本主义两条道路的辩论。在这场辩论中，“包产到户”当然也是首当其冲的问题之一，并且理所当然地被划入了“企图搞倒退、企图引导农民走资本主义道路”的范畴。1957 年 10 月 9 日，《人民日报》发表了

《温州专区纠正“包产到户”的错误做法》的报道。该文章指出：“今年春天，永嘉县便有200多个社实行了‘包产到户’。虽然永嘉县的大多数干部反对，中共永嘉县委也作出停止推广的决议，中共浙江省委和温州地委也都指出其错误，但由于对‘包产到户’的资本主义本质和严重的危害性认识不足，没有坚决地纠正。到今年夏季，温州专区各县曾出现一股搞‘包产到户’的歪风，共约有1000个农业社，包括17.8万多户社员（占入社农户15%左右），实行了这个错误的做法。”“温州专区农村开展社会主义宣传教育运动后，中共浙江省委农工部长和中共温州地委书记、副书记等人，都先后到农村去调查研究，然后向干部指出‘包产到户’是原则性路线性的错误，是引导农民离开社会主义道路，使合作化事业和贫农、下中农的利益受到了很大的损害，助长了农村资本主义势力的发展。中共温州地委在8月中旬召开的扩大会议上，对‘包产到户’开展了辩论和批判，统一了认识，决定坚决、彻底地纠正这种错误做法。温州专区各县也在干部中进行了批判和辩论，许多干部检查了自己的右倾思想。”“现在温州专区实行了‘包产到户’的社，绝大多数已经纠正。”同年10月19日，《人民日报》又发表《调动农民什么样的积极性》的署名文章，指出“‘包产到户’这个错误办法所以能够在许多农业社里推行，主要原因是它正好适合部分富裕中农的资本主义思想，得到了他们的积极拥护和支持。”文章认为，“包产到户”调动起来的只是少数富裕中农个体经济的积极性。在此之后，《南方日报》《四川日报》《广西日报》等，也先后发表了《“包产到户”是一种资本主义主张》《迁就顾私不顾公主张的教训》《借推行“包产到户”变相解散农业社》《农民需要什么样的自由》等文章，对“包产到户”进行了大规模的严厉批判。至此，第一次“包产到户”，从1956年秋开始，到1957年8月农村开展社会主义的教育为止，历时不到一年，就被戴上“资本主义”的帽子而压了下去。

第二次“包产到户”，发生于1959年的夏季。由于1958年夏秋之交迅速实现了人民公社化之后，经济工作中出现了大量违背自然和经济规律的现象，农村中“共产风”“浮夸风”“命令主义风”“干部特殊风”和“对生产的瞎指挥风”盛行，农民辛辛苦苦积累起来的一点点家底几乎在“五风”之中被一扫而空，农村的生产力受到了极大的破坏，农民的生产积极性也受到了严重的挫伤。一些较早从“大跃进”的狂热中清醒过来的地方，意识到这样下去，农村的生产和农民的生活都将是难以维持的。于是，从1959年5月开始，农村中的一部分地区，开始自行改变人民公社初期那种“大呼隆”“大锅饭”的经营管理办法。有的地方改变了所谓“基本队有制”（即生产大队所有制），而以生产小队为基本核算单位（这实际上正是1962年2月中共中央关于改变人民公社基本核算单位的指示中的要求），或是名义上保留大队为基本核算单位，但实际上将分配权下放到了生产小队；有的地方则又直接搞起了“包产到户”，或是扩大自留地、允许大搞家庭副业等。这本是农民眼看“五风”要把农村的经济家底折腾光而不得已所采取的一种自救措施。但刚刚开始搞，正遇庐山会议的斗争爆发，彭德怀等同志被定为右倾机会主义分子，于是在八届八中全会之后，党内又掀起了一场反右倾的运动。而这一阶段出现的第二次“包产到户”，正好被用来作为反右倾的典型材料。1959年11月2日，《人民日报》发表评论员文章《揭穿“包产到户”的真面目》，文章说，1959年5月、6月、7月三个月，“曾经发现了资本主义的幽灵，要把人们拖回‘一小二私’的互助组或者单干户的老路上去”，搞什么“‘土地下放’‘包产到户’‘全部或大部农活包工到户’‘定田到户’‘地段责任制’，等等”。文章认为：“‘包产到户’是右倾机会主义的主张和活动”，“‘包产到户’是极端落后、倒退、反动的做法，凡是这样做了的地区，不只在生产上造成了损失，在经济上、政治上、思想上都引起了严重的后果。”文章斩钉截铁地说：“包产到户这种毒草必须连根拔掉，统统烧毁，一个‘点’也不许留！人们知道，不要说‘包产到户’之类的做法的实质了，就连‘包产到户’之类的鬼名称，也不是什么新鲜的东西，在1957年，在一些地方，这个阴魂就出现过。”“资本主义的阴魂未散，或者散而复聚。前一个时期，当天空中又有几片乌云飘动的时候，它就又来了。”“只要它一出现，就一定要同它斗争，制服它。”《光明日报》则在同年12月4日发表了《“包产到户”是右倾机会主义分子在农村复辟资本主义的纲领》的署名文章。把性质定到了这样的高度，“包产到户”当然是无立足之地了。

但时隔不久，办人民公社、搞“大跃进”时大刮“五风”的恶果，就在全国农村大面积地表现出来了，农民没有粮吃，生活极端困苦，他们的生存都受到了严重的威胁。在许多地方，集体经济已经没有实力来解决农民所遇到的吃不饱肚子的燃眉之急，于是“包产到户”再次悄然而起。安徽省是第三次“包产到户”的发源地。1961年3月20日，当时的中共安徽省委第一书记曾希圣给毛泽东写信，为安徽农民搞的“定产到田、责任到人”的办法进行解释和争取支持。他在信中说：“我们并不是一成不变地采纳包产到户的办法，而是吸取它的好处，又规定办法防止它的坏处，所以特别强调了‘五个统一’。”并表示，“绝大多数干部和社员都认为这个办法能够增产，今后是否会出现新的问题，需要在实践中继续摸索”。此时，实行了“责任田”的农村生产队，已占安徽农村生产队总数的 39.3%。同年 4 月 27 日，中共安徽省委再次向党中央、毛主席和中共中央华东局写报告，进一步解释“定产到田、责任到人”的问题；7 月 24 日，省委又一次向党中央写了《关于试行田间管理责任制加奖励办法的报告》，反复强调：“看来这个办法是不违背社会主义原则的，是可行的。”“这个办法不是‘包产到户’，不是单干。”“它并没有违背集体经济的原则。”它“只是社会主义集体经济的一种管理方法”，“是不会造成两极分化的”。同月，当时的安徽省委第一书记曾希圣还向毛泽东作过直接汇报，得到毛泽东“可以试一试”的认可。到 1961 年秋末，安徽省实行“责任田”的生产队，已达总数的 85.4% [1]。事实上，当时实行各种形式的“包产到户”的地方，当然绝不止安徽省一家。1961 年 9 月中共中央农村工作部上报的《各地贯彻执行六十条的情况和问题》中讲到：“在一部分生产力破坏严重的地区，相当一部分干部和农民对集体生产丧失信心，以致发展到‘按劳分田’‘包产到户’‘分口粮田’等变相恢复单干的现象。”“在经营管理方面，发现了一些错误的做法，如‘田间管理责任制’，结果，引申到‘包产到户’，或者部分产量包到户，损害了集体生产。”有的地方在分社、分队中，采取放任自流态度，出现生产大队、生产队分得过小，有的地方，已出现：‘父子队’‘兄弟队’，不能充分发挥集体生产的优越性。”[2] 这些情况表明，一方面，

[1] 马齐彬等编：《中国共产党执政40年》（修订本），中共党史出版社1991年版，第197、204页。

[2] 同上书，第205页。

20 世纪 60 年代初农村出现的“包产到户”现象是相当广泛的；另一方面，人们对“包产到户”的看法，仍然是分歧极大的，农民愿意搞“包产到户”，一部分干部也支持，但对此持反对意见的显然也不在少数。

在此期间，党和国家的领导人曾反复研究了农村的经济体制问题。1961 年 3 月 15 日至 23 日，中共中央在广州召开工作会议。会议前，毛泽东召集中南、西南、华东三大区党委负责人参加“南三区”会议，之后写信给刘少奇、周恩来等，指出“大队内部生产队与生产队之间的平均主义问题，生产队（过去是小队）内部人与人之间的平均主义问题，是两个极端严重的大问题”，要求讨论并切实调查一下。中央广州会议期间，通过了《农村人民公社工作条例（草案）》（以下简称《农业六十条》）[1]。《农业六十条》经征求意见后，在同年 5—6 月的中央北京工作会议上作了修改，制定了修正草案。修正草案取消了分配上的部分供给制，允许由社员讨论决定是否办公共食堂等，要求全国农村讨论和试行这个修正草案[2]。同年 9 月 16 日，毛泽东写信给政治局常委及有关同志，指出：农业方面严重的平均主义问题至今未完全解决，即“三包一奖”，生产权在小队，分配权在大队。他提出“三级所有，队为基础”，即基本核算单位是队而不是大队。他说，在这个问题上，我们过去过了 6 年之久的糊涂日子，第 7 年该清醒过来了吧[3]。同年 10 月 7 日，中共中央发出指示，要求各省、市、自治区党

[1] 马齐彬等编：《中国共产党执政40年》（修订本），中共党史出版社1991年版，第197页。

[2] 同上书，第201页。

[3] 同上书，第206页。

委研究农村基本核算单位到底定在哪一级为好的问题[1]。11 月 23 日，中共中央批转了邓子恢《关于农村人民公社基本核算单位试点情况的调查报告》[2]。1962 年 2 月 13 日，中共中央发出《关于改变农村人民公社基本核算单位问题的指示》，正式明确，农村人民公社的基本核算单位，应该定在生产队（即原来的生产小队）一级。

上述情况表明，20 世纪 60 年代初，我国的农村经济体制，实际上正面临着一场重大的变革。但对于变革的思路和目标，则存在着两种截然不同的意见。一种意见，是要在不改变土地等生产资料集体公有性质的前提下，实行“包产到户”。这种意见，实际上不仅否定了 1958 年形成的人民公社体制，在一定程度上，也否定了在高级社时就形成的以社为单位，实行统一经营、统一分配的做法。但这种意见认为，非如此，就不能调动农民的生产积极性，也不能恢复农村经济。而另一种意见，则是要千方百计地维持人民公社体制的基本格局，坚决不同意实行“包产到户”的办法，坚决要维持集体统一经营、统一分配的体制。应该说，中央发出关于改变人民公社基本核算单位，使农村的生产队（即原来的生产小队）成为基本核算单位，实际上就是上述两种意见交锋、斗争的结果。

毛泽东认为，将农村人民公社的基本核算单位变为小队以后，农村经济体制中的问题就已基本解决，而且，要坚持农村的集体经济，维持生产小队的统一经营和统一分配，也已是最后的防线，再退势必退到单干。因此他认为再搞“责任田”

❶ 马齐彬等编：《中国共产党执政40年》（修订本），中共党史出版社1991年版，第206页。

❷ 同上书，第210页。

之类的试验已无必要，于是不同意再搞下去。在1961年11月13日，中共中央发出的《关于在农村进行社会主义教育的指示》中，就明确指出："目前在个别地方出现的包产到户和一些变相单干的做法，都是不符合社会主义集体经济的原则的，因此也是不正确的"，"要逐步地引导农民把这些做法改变过来。"1962年1月召开的中共中央扩大的中央工作会议（即七千人大会），又批评了安徽省委负责人支持农民搞"责任田"的问题。同年3月20日，中共安徽省委作出了《关于改正"责任田"办法的决议》，指出："'责任田'办法实际上就是包产到户。""这个办法是迎合农民资本主义自发倾向的办法。"要求实行"责任田"的生产队，在1962年和1963年内改过来[1]。同年6月下旬，中共中央书记处开会听取华东区汇报情况。到会的人对一些地方的包产到户做法，赞成不赞成的各占一半。邓小平在会上引用安徽农民的话说：不管黑猫黄猫，能逮住老鼠就是好猫。同年7月初，陈云向毛泽东和其他中央常委提出，认为有些地方可以用重新分田包产到户的办法来刺激农民生产的积极性，以迅速恢复农业产量[2]。同年8月2日，当时的中共安徽省太湖县委宣传部干部钱让能直接向中央主席毛泽东写了《关于保荐责任田办法的报告》。同月8日，当时的中共张家口地委第一书记胡开明向毛泽东提交了一份《关于推行"三包"到组的生产责任制的建议》。毛泽东签批印发了这两封信[3]。但在8月6日至8月下旬召开的北戴河中

[1] 马齐彬等编：《中国共产党执政40年》（修订本），中共党史出版社1991年版，第212页。

[2] 同上书，第217页。

[3] 同上书，第218页。

央工作会议上，毛泽东即批判了包产到户。他认为，实行包产到户，不要一年，就可以看出阶级分化很厉害。他描绘了一幅阶级分化的景况："一方面是贪污多占、放高利贷、买地、讨小老婆，其中包括共产党员、共产党的支部书记；一方面是破产，其中有四属（军、工、烈、干属）户、五保户。"[1]在一定程度上，包产到户问题成了毛泽东重提阶级斗争的重要导火索之一。在同年9月24至27日召开的中共八届十中全会上，毛泽东作了关于阶级、形势、矛盾和党内团结问题的讲话，再一次批判了所谓"单干风""翻案风""黑暗风"，提出了阶级斗争要"年年讲、月月讲"的观点。十中全会通过了《关于进一步巩固人民公社集体经济、发展农业生产的决定》。1963年5月20日，中共中央发出《关于目前农村工作中若干问题的决定（草案）》，提出了"任何时候都不可忘记阶级斗争、不可忘记无产阶级专政""阶级斗争，一抓就灵"等口号，认为当前中国农村中出现了严重的尖锐的阶级斗争情况，决定要在全国农村开展大规模的社会主义教育运动。从此以后，直到改革之前，在十五六年的时间里，包产到户就再也没有抬过头。

从1956年到1962年，短短的6年时间中，"包产到户"经历了三起三落。每次"起"，都是农民群众自发的，而每次"落"，则都是通过搞阶级斗争，被批下去、压下去的。到了1978年年底，在党的十一届三中全会上，明确了"实践是检验真理的唯一标准"，恢复了实事求是的思想路线，提出全党工作的重点应该从1979年转移到社会主义现代化建设上来之后，

[1] 逄先知著：《毛泽东和他的秘书田家英》，中央文献出版社1989年版，第69页。

"包产到户"再一次在农村大地上崛起，也就是十分自然而又必然的事了。

2.4 农村成为中国经济体制改革突破口的原因

在了解了农村原经济体制的形成过程，以及广大农民群众对改革这种体制的迫切要求和不断的尝试之后，就不难理解农村为什么会成为整个经济体制改革突破口的原因了。

具体说来，农村之所以会成为整个经济体制改革的突破口，主要的原因可以概括为以下几个方面：

（1）原有的农村经济体制严重制约了农村生产力的发展，阻碍了农民收入的提高和生活的改善。

实行过去那种高度集中统一的农村经济体制，经济上的一个重要原因，就是要使农村保障基本农产品的供给增长，其中特别是要保障粮食、棉花、油料供给的增长。但实际情况却不如人意。从实现了高级社之后的1957年到改革之前的1978年，在这21年间，我国粮食的总产量增长了58.1%，平均每年增长2.2%；棉花总产量增长了50.0%，平均每年增长1.95%；油料总产量增长了2.6%，平均每年仅增长0.12%[1]。以这三种主要农产品的全国人均占有量来看，1957年时，人均占有粮、棉、油分别为306.0千克、2.6千克和6.6千克，但到1978年，全国每人平均占有粮、棉、油的数量分别为318.7千克、2.3千克和5.1千克，历时20年，人均占有的粮食数量增加了12.7千克，平均每年635克；而人均占有的棉花和油料，反倒

[1] 国家统计局编：《中国统计年鉴》（1993），中国统计出版社1993年版，第364、365页。

分别减少了11.5%和16.6%[1]。事实说明这种农村经济体制，对于促进基本农产品供给的增长，确实并不具有多少积极的作用。

但农民为这个体制所付出的代价却是相当高昂的。自实行高级社的统一分配制度以来，农村人口平均从集体经济组织分配的年收入，从1957年的40.5元，提高到了1978年的73.8元，20年间，来自集体的人均分配收入，只增加了33.3元，年均只增加1.67元。而从集体得到的分配收入中，现金收入只从1957年的14.2元增加到1978年的18.97元，20年间只增加4.77元，平均每年增加0.24元。到1977年，年人均分配收入水平在50元以下的生产队，有180万个，占全国生产队总数的39.0%。农民人均分配到的口粮（原粮），1957年为203千克，到1977年，只增加到208千克，20年间平均每年只增加250克。农民的人均粮、油消费水平，折成贸易粮和食用植物油之后，实际是下降的。1957年农村人口平均消费贸易粮204.5千克、食用植物油1.85千克，但20年后的1977年，农村人口平均消费贸易粮为187.5千克、食用植物油为1.0千克，分别降低了8.3%和45.9%。农民和非农业居民之间的年平均消费水平差距也在扩大。1957年，农民人均年消费水平为79元，非农业居民为205元，两者的比例为1∶2.6；到1977年，农民人均年消费水平为124元，非农业居民为361元，两者的比例扩大为1∶2.9[2]。

---

❶ 国家统计局编：《中国统计年鉴》（1993），中国统计出版社1993年版，第390页。

❷ 农业部政策研究室编：《中国农业经济概要》，农业出版社1982年版，第202—211页。

从对以上数字的分析不难看出，在20多年间实行单一公有制和统一经营、统一分配的体制，农村经济发展的这种状况，是大多数农民所无法容忍的。而即便是在这样的情况下，还要一次次地搞以阶级斗争为纲的运动，死死地将农民捆在一起，搞生产上的大呼隆、分配上的平均主义大锅饭，将农民死死地束缚在耕地上，劳动力没有半点流动的余地，更不让发展家庭副业，不让开展市场交易，并一次次地“割资本主义尾巴”。可以说，农民对这一切的忍耐已经到了极限。所以，政策稍有松动，一场农民渴望已久的体制大改革，就必然会势不可当地到来。

（2）农民从未被政府“包”下来过，因此，他们不怕在改革中会失去什么既得利益，农民是最无保留地支持改革的群体。

农村实行的是集体经济，它的特点就是自负盈亏（尽管不能自主经营），生产搞得好，可以多分一点、多吃一点；生产搞得不好，就只能少分一点、少吃一点。除了特别穷困的地区和特大的自然灾害国家给一些救济外，农民只能靠自己。从就业到住房，从医疗到子女教育，农民从未被政府“包”下来过。因此，改革原有的农村经济体制，农民并不怕失去什么，他们只知道，实行包产到户之后，就可以真正做到多劳多得，而只要能多得，他们就不怕多付出劳动。正因为这样，与城市职工相比较，农民从来就不怕“自负盈亏”，他们怕的只是不能“自主经营”。而改革原有的农村经济体制，恰恰给农民带来了可以“自主经营”的机会。因此，对于农民来说，根本用不着经过什么复杂的思想斗争，就义无反顾地选择了可以给他们带来“自主经营”机会的体制改革。

（3）相对而言，农村是计划经济的薄弱环节，因而改革也易于从这里突破。

政府对农村经济的计划控制，最核心之点，就是要农村保障基本农产品的供给。从这个意义上说，并不是农村的全部经济活动都纳入了国家的计划。因此，和城里的国有企业相比较，农民总还是有一点“小自由”。如自留地就基本上一直是保留着的。虽然自留地的功能，本来只是为农户提供一些补充性的粮食和蔬菜，但由于农民对集体统一经营的大田与自己经营的自留地有着截然不同的态度，因此，自留地上的土地利用率和劳动生产率就要高得多，农民也就总能有一点自留地上的剩余产品，拿到事实上始终存在的乡村集市贸易上去出售。农村社、队之间，也不存在生产资料和产品无偿调拨的关系，虽然价格被扭曲，但形式上总还是要买卖的。对于农民，政府既不包其安排就业，也没有对他们制定过什么收入标准，由级差地租、经营管理水平和生产技术等方面的差别所引起的队与队、社与社之间劳动日值的差异，农民从来都是承认和接受的。而农村改革的精巧之处，就是在国家的计划经济尚未变革之时，既满足了计划的要求——政府要的统、派购产品的足额交售，又转换了农村的经营机制。因此农村的改革，并没有引起什么社会、经济的震荡，就能顺利地推进。

（4）农业自身的生产特点。

与其他部门相比较，农业是一个最具特点的经济部门。农业的本质，或说农业中第一性生产（种植业）的本质，就是植物的生命活动周期。没有植物的生命活动周期，也就没有农业。农作物是农业的劳动对象，它的生命活动是靠光合作用来维持的。这个特点决定了，农作物只能呈平面状分布在耕地上。耕地是农业的基本生产资料，但在改良土壤的过程中，耕地也是农业的劳动对象。耕地的特点是具有可分割性。这种对耕地的分割，既不影响土壤的肥力，也不影响农作物在其之上的生命活动周期。农业基本生产资料和劳动对象的这种可分性特点，是许多其他部门中所不存在的。生产资料和劳动对象的可分性，带来了经营组织的可分性，这就给农村实行家庭经营、使经营单位变小创造了条件。因为在农业中，耕地的分割尽管可能会损失规模效益，但它仍然可以完成一个完整的生产周期，所以在分割耕地进行承包经营时，对任何一个承包者都可以提出最终产量的承包指标，从而实行联系产量的承包责任制。这种对生产资料和劳动对象进行分割承包，却仍能对承包者实行联系最终产品的产量进行承包的特点，在其他的经济部门也是不存在的。农业生产本身的这些特点，决定了在农业中突破原来的经营体制将比较容易，较少引起生产的波动。当然，之所以能顺利地从集体统一经营过渡到家庭分散经营，与我国现阶段农业的生产力水平还比较低，主要靠手工操作，以及农村劳动力相当充裕等因素也有关。

改革率先在农村突破，原因是多方面的，而其中最主要的，还在于绝大多数农民都具有强烈的改革愿望，而这种愿望正是原体制对他们长期压抑的结果。同时，包产到户，家庭经营，这对于广大农民来说，实际上又并非是什么制度创新，而是在他们的记忆中极为熟悉的东西。这里并不存在会不会的问题，只存在准不准的问题。只要政策不压制，改革从这里开始，也就成了顺理成章、水到渠成的事了。

3. 农村改革已取得的成就

如果从 1978 年 12 月召开的党的十一届三中全会算起，农村改革至今（1992 年）已经历时整整 15 年了。这 15 年来，农村经济、社会面貌所发生的巨变，是令人惊叹的；而农村经济体制的改革，在推动农村经济发展的过程中所创造的层出不穷的新鲜事物，也是令人惊叹的。虽然农村经济体制的改革还远远没有结束，但就已经取得的成就而言，应该可以说，新的农村经济体制已经初见端倪，实际上也可以被看作是农村经济新体制的基本构架。

3.1　家庭经济地位的重新确立

在实行合作化之前，农村中的家庭，从来就是一个独立的经济主体。这里讲的独立的经济主体，主要指它是一个独立的经济核算单位，生产、交换、积累和消费，都是以家庭为单位进行的。尽管在实行土地改革之前，许多农民家庭并没有或只有较少一部分自己的土地，农业生产活动是在租佃来的耕地上进行的。但自有土地和租佃土地，只关系到有无土地所有权、交不交地租，而是否拥有土地的所有权，并不是能否成为独立的经济主体的决定性条件。正因为如此，直到土地改革前，我国的农业一直保持着家庭经营的特点。而在土改之后到初级社建立之前的短暂的时期内，我国的农业也仍然保持着家庭经营的形式，只不过是所有的农户都在属于自己的土地上经营罢了。但初级社建立之后，耕地实行了合作社统一经营，于是家庭不再成为一个经营主体，而逐渐地演变为单纯的消费单位。家庭经营就此在我国农村中消失了约23年，直到1978年实行改革之后，它才又被重新确立了其应有的地位。这个曲折和反复的过程，是否也可以说明家庭经营这种形式本身在农业生产中所具有的特殊重要地位难以被替代的原因呢？

一、农业生产与家庭经营

人们都知道，农业生产具有与其他经济部门的生产所不同的特点。农业生产不仅必须借助于光、水、热、气等自然力，而且还必须依靠动植物本身的生命活动过程，显然，自然力和动植物本身的生命活动过程，都不是人类能够按自己的愿望去完全控制的。人们只能在生产的实践中去认识自然力和动植物生命活动的规律，只能利用这些规律来发展农业生产，而不能改变这些规律来为所欲为。因此，对于农业生产而言，最重要的问题，乃是生产者对自然力和动植物生命活动过程的规律的认识、把握和利用。而农业的经营形式，显然对于人们认识、把握和利用这些规律，具有极为重要的影响。用另一种表述方式则可以说，农业生产由于有其自身的特点，因此它对农业的经营组织也具有特殊的要求。

列宁曾明确指出：“因为农业有着许多绝对不能抹杀的特点，由于这些特点，农业中的大机器生产永远也不会具备工业大机器生产的全部特点。”[1] 这表明，列宁认为工业的经营

[1] 列宁著：《土地问题和“马克思的批评家”》，《列宁全集》（第5卷），人民出版社1959年版，第119页。

组织方式，并不一定能够适应农业的客观要求。由于“经济的再生产过程，不管它的特殊的社会性质如何，在这个部门（农业）内，总是同一个自然的再生产过程交织在一起”[1]，因此，自然规律，在农业中的作用就变得格外明显。如前所述，农业中必须遵循的自然规律，存在于两个方面，一是自然力的变化规律，光、温、水、气等的变化，将直接对农作物的生长发生影响，农业生产者必须采取相应的措施，以减弱自然力变化对农作物可能造成的不利影响。二是动植物本身的生命活动规律，动植物在生命活动的每一个阶段，都对外部环境有着不同的要求，农业生产者必须根据这种规律，随时尽可能地满足动植物的这种要求。这两个规律的交错，使农业生产者所从事的劳动，实际上成为一种极为复杂的工作。他必须随时准确地捕捉来自自然界的和来自动植物本身的各种变化信息，并及时地作出采取何种措施的决策。因此，在农业中，决策必须尽可能地在生产现场作出，否则或是信息不足或是贻误时机。从这一要求看，在农业的经营组织中，最理想的决策者，应当是直接生产者。这样，他才能够随时了解动植物的生长状况，才能够及时地作出各种正确的生产决策。在主要靠手工劳动从事农业生产的旧中国，地主普遍地不充任农业生产的经营者，而是将土地租给佃农以收取地租，就经济行为而言，应当说他是理性的，因为他摆脱了既不从事农业生产又要作决策的风险。而富农则是本身参加一定的农业生产劳动，同时他还雇工并自任经营者。在国外的现代资本主义农场中，我们也看到，农业的规模在不断地扩大的同时，却越来越家庭经营化，农场主主要

[1] 马克思著：《资本论》（第2卷），《马克思恩格斯全集》（第24卷），人民出版社1972年版，第398—399页。

是靠迅捷有效的社会化服务体系和雇用季节性临时工来解决生产中的困难，而提出服务与雇短工的需求，则完全是由农场主（通常也是家长）根据自己的判断所作的决策。

什么样的农业经营组织，才能保证生产的决策者，同时又是直接的生产者呢？无疑是家庭。尽管规模较大的农业经营组织，决策者也可以参加一定的直接劳动，但这种组织至少有两个困难是难以解决的：其一是劳动者的劳动的评价问题。因为动植物的生命活动是具有连续性的，在其生命活动周期的每一个时点，劳动者作用于它的劳动的数量和质量，都将最后体现在动植物的产量上。因此，如果不联系最终的产量来评价劳动者所付出的劳动，亦即不使每一个劳动者的劳动，作用于动植物生长的整个生命周期，那实际上就不可能准确地评价劳动者所付出的劳动。但要联系最终产量来评价付出的劳动，那么不管农业经营组织在名义上有多大的规模，其实际的经营单位就已经回到家庭了。其二是生产过程的管理成本问题，尤其是劳动者的管理成本问题。一般而言，经营组织规模越大，人员管理的成本（绝对额）也就越大，这个问题在农业中尤为突出，因为农业劳动工种繁多、作业分散、季节差别大，如实行集体劳动，仅是制定劳动定额、检查完成情况、制定报酬标准等，就需耗费大量的时间和精力。但这个问题如果交由家庭处理，事情就简单得多了。因为家庭是一个最紧密的经济利益共同体，家庭成员之间是最少利益摩擦和目标差异的，因此，家庭成员之间无须从纯经济的角度来计较每个人的劳动付出，他们是最易于形成无须另加管理成本的紧密协作体。

在什么情况下，农业生产者才会时刻关心自然力的变化和动植物的生长情况呢？那就是自然力的变化和动植物的生长情况，与他本人的切身利益有最直接、最紧密的联系时。只有在家庭经营的情况下，这种利益才无须和别人分割，也不用担心利益的流失。而农业恰恰又是一个便于分割规模却又不致破坏动植物生命周期完整性的产业，因此，农业是适合于家庭经营的。这一点与社会性质、生产资料的所有制性质并无直接的联系。农业的另一大特点，是生产时间与劳动时间的不一致。这个特点是副业作为农业补充的必然基础，而利用剩余劳动时间来发展副业，家庭的形式无疑也是最为有效的。

二、家庭经营与集体经济

实行合作化以后的相当长一段时间内，家庭经营都被看作是集体经济的对立物，似乎要巩固和发展集体经济，就必须彻底铲除家庭经营。问题是集体经济究竟是如何实现的呢？把农民集中起来一起劳动，那仅仅是一种形式，这种形式并不能保证劳动有效率。因此，必须找到一种劳动有效的组织方式，否则，集体经济就不能巩固和发展。事实上，自合作化开始，集体经济组织就一直在寻求有效的劳动组织形式，应该说，它也早已经被找到，那就是责任制。

农业生产责任制，是农村集体经济组织内部的一种劳动组织方式，它有一个普遍的发展过程，即从不联产的责任制发展为联产的责任制，从只联产到作业组发展到联产到户。这个发展变化的过程，实际上是在更新过去那种集体经济的模式，创造新型的、更有活力和效率的集体经济的实现形式。

不联产的责任制，几乎是伴随着原来的集体经济组织共同产生的。在 1955 年 11 月 9 日全国人大常委会第 24 次会议通过的《农业生产合作社示范章程草案》[1] 中就规定：“农业生产

[1] 1956年3月17日全国人大常委会第33次会议将该草案按原案通过，成为正式章程。

合作社为了进行有组织的共同劳动，必须按照生产的需要和社员的条件，实行劳动分工，并且建立一定的劳动组织，逐步地实行生产中的责任制。”“合作社为了实行农业生产中的责任制，应该把社员编成几个生产队。把生产队作为劳动组织的基本形式，让各个生产队在全社的生产计划的指导下，自行安排一个时期和每天的生产。”“在可能的范围内，生产队长或者生产组长应该给每个人指定负责专管的地段或者工作，彻底地实现生产中的责任制。”“生产队长或者生产组长应该在每天工作完毕的时候，检查本单位各人的工作成绩，并且根据工作定额登记各人所应得的劳动日。如果合作社还没有规定工作定额，队长或者组长要在一定时期内，召集队员或者组员，根据各人的工作状况，民主评定各人所应得的报酬。”这即是说，在刚开始实行集体统一经营形式时，人们就认识到，为了有效地组织农业生产，必须将集体组织的劳动力划分到一个个规模更小的管理单位中去；实行统一经营的集体经济组织，不仅要对每一个劳动管理单位实行生产责任制，每一个劳动管理单位也必须对每一个劳动者实行生产责任制。

但是，由于对“集体统一经营、统一分配”认识上的差异，农业社的生产责任制从一开始就遇到了难题。

难题之一：社内的生产队，是农业生产的组织管理单位，而不是经营、分配单位。这个性质决定了农业社对生产队只能实行“包工”，而不能实行“包产”。即只能规定完成什么具体生产环节的任务，农业社就给生产队记多少工分。如果实行“包产”，即完成规定的产量指标，农业社即给生产队记多少工分，那么问题就出来了，一是这种“包”法，“包”的必须是农业生产的整个周期，否则就无法“包产”；二是超额完成的产量怎么办？如将实物都奖励给生产队，那么生产队就不仅有了一定的分配权，而且为了获得超产的产品，自身也必然会形成一定的经营决策权：需要研究超产的所得是否可以弥补为超产而追加的投入，以及这种追加投入到底投向何处效益更好？如是投向夏粮还是秋粮？是粮食作物还是经济作物？抑或是农田水利基本建设？但如果生产队开始有了经营决策权和分配权，那么农业社的“统一经营、统一分配”权事实上就会被逐步削弱，最终可能导致经济核算单位的下放、变小。而这正是原来那种合作化的思路和模式所不愿看到的。但如果将超产的部分按社队之间的比例分成，那么生产队有什么必要将超产的产量如实报给社里呢？于是就又会出现所谓生产队的“瞒产私分”问题。这又是实行“统一经营、统一分配”的农业社所不能容忍的。这样，社对队的生产责任制，从一开始就陷入了困境：如果真正实行了彻底的生产责任制，即“包产”的责任制，那么经营决策权和分配权就会逐步地移向生产队，那就无异于在否定农业社“统一经营、统一分配”的地位（1962 年 2 月 13 日党中央发出《关于改变农村人民公社基本核算单位问题的指示》，实际上就是验证了这个过程）；而如果只实行不彻底的责任制，即不“包产”而只“包工”的责任制，那么就没有办法准确地评价每一个实行了“包工”的生产环节或生产阶段，究竟对农业的最终产出具有多大的贡献。因此，只实行“包工”的责任制，从本质上讲是无法避免平均主义的“大锅饭”的。这就是为什么搞了那么多年的“小段包工”和“定额计酬”，最终总是避免不了落入“大概工”窠臼的原因。而克服不了平均主义“大锅饭”的弊病，农民群众的生产积极性就不可能得到充分的调动，生产就难以持续地发展，这最终也将使“统一经营、统一分配”的形式，走向否定自己的地步。

难题之二：生产队向社员实行的责任制，其实质性的困难，与农业社向生产队实行责任制时是一样的，只是产生的问题会更严重。对社员只实行“包工”的责任制，那就只能是搞“大概工”。社向队搞“包工”责任制，会导致社内队与队之间的平均主义；而队向社员搞“包工”责任制，则会产生队内人与人之间的平均主义。两个平均主义加在一起，农业生产就注定难以有什么起色。对社员搞“包产”的责任制，那就难免最终使农业的经营权回到家庭，而这在原有的合作经济理论看来，无疑是“恢复小农经济的单干、否定集体经济”。于是，又出现过一种折中的责任制，即“包产到劳”。其产生的依据，似乎劳动力是属于队里的，“包产到劳”只是队内生产管理方式的变化，而不涉及家庭的问题。岂不知劳动者天然地就是属于家庭的，况且，社会可以对什么人才可称作劳动人口进行定义，但是家庭，特别是在农业领域内，实际上是不需要进行这样的定义的，不是整劳力，可以是半劳力，连半劳力也算不上的，还可以在生产的某些环节、某些阶段帮一把手。因此，“包产到劳”实际上最终必然“到户”。

这两个难题说明，在农业的集体经济组织中，实行责任制是绝对必要的；但是，实行责任制，而又想不联产、不到户，实际上是行不通的。不联产、不到户的生产责任制，最终会使农业的责任制形同虚设，因为它解决不了在农业这个特定领域内的对劳动的管理、监督、评价和激励问题。

农业中的责任制必须联产、到户，是否即是说农业中根本就不该搞集体经济呢？答案完全是相反的。在讨论这个问题时，有一个前提必须先搞清楚，即集体经济并不等于集体组织的统一经营。集体经济更多的是从资产的所有权性质而言的，如土地属于集体公有、大中型的农田水利基本设施、大型农机具、加工运输设备属于集体所有，等等。但是资产属集体所有，并不等于资产必须全部由集体来统一经营。资产的所有权性质，是可以依照法律来确定的。而资产的经营形式，则是必须根据行业的特点及其他具体的因素来形成的。农业联产到户的责任制，实际上就是集体所有的资产（如土地）的具体经营形式。因此，联产承包到户的家庭经营形式，与农业的集体经济性质并不是对立的。

无论资产属谁所有，在投入运行的过程中，都有一个更趋向于集中或更趋向于分散经营的问题。而这种趋向，则更多地是由行业的特性所决定的。正如铁路运输与都市出租汽车绝不能采取相同的经营组织形式一样，农业和工业也不可能采取相同的经营组织形式。而强调农业也必须实行集中的统一经营方式，从某种意义上讲，正是忽视了农业生产自身的特点、照搬了工业生产的经营组织方式。在农业问题上，自土改后，我们党内就有过是先合作化还是先机械化的争论，它的实质就是关于农业生产特性在选择经营组织形式中的地位之争。在决定先搞合作化和合作化后的农业经营形式的确定上，毛泽东的这一思想是起了举足轻重的作用的：既然西方资本主义在其发展过程中有一个工场手工业阶段，即尚未采用蒸汽动力机械而依靠工场分工以形成新生产力的阶段，则中国的合作社，依靠统一经营形成新生产力，去动摇私有基础，也是可行的[1]。但问题也恰恰出在这里：工场手工业实行统一经营下的分工协作，可以形成新的生产力，使劳动效率高于无分工的个体手工业的原理，搬到农业生产中是否适用？我国农业经营组织形式的变迁过程，本身已经说明，这一原理在大多数情况下并不适用于农

---

❶ 薄一波著：《若干重大决策与事件的回顾》（上卷），中共中央党校出版社1991年版，第191页。

业。因为手工业和农业的劳动对象不同。农业的劳动对象是有生命的、活的动植物，尽管在农业中，耕地的经营规模是可以分割的，但是动植物的生命活动却是连续的、不可分割的。也就是说，农业，在空间上可分割，而在时间上不可分割，一个农业生产者，在他所负责的农业生产空间中，必须对他的劳动对象的生命活动的整个周期负责，否则，就无法准确地评价他在农业生产活动的每一个阶段所付出劳动的数量和质量。这与手工业的劳动对象在生产过程中可以被分割成几个阶段性的独立形态，而依据这种阶段性的半成品独立形态，就可以比较准确地评价每一生产环节上劳动者所付出劳动的质与量，是有极大的差别的。此外，动植物的生命活动是具有不可逆性的，而它却不存在于手工业中，因为在手工业的哪一道工序出了问题都还存在可以返工的可能性。因此，无论是“小段包工”，还是“定额计配”，只要这种农业生产责任制不是让一个经营主体从事生产的全过程，即不使他的劳动与农业的最终产出量联系起来，那么对于农业生产的最终结果而言，责任不清和赏罚不明的问题，就总是难以避免的。

但这并不是说，在农业中就不可以搞集体组织的统一经营。恰恰相反的是，就农业生产的全过程而言，有不少生产环节仅靠家庭经营是搞不了、搞不好或搞起来不经济的，如从事农田水利基本建设、发展农产品的运销和加工等。实际上，家庭的农业经营活动，是需要从外部得到大量的经济和技术服务的，而集体在这些方面则是可以大有作为的。社会化服务的问题解决得好，就可以在不改变家庭经营的基础上，使农业取得规模效益、实现现代化。因此，在农业中集体经济与家庭经营是互为需要的。

三、家庭经济地位的重新确立

“包产到户”第4次崛起的发源地，也是在安徽省。1978年秋，安徽遇到了历史上罕见的特大旱灾，秋种无法进行。9月1日，省委针对这种情况作出了决策：集体借给每个农民三分地种菜；对能播种小麦的旱地只要种上了就不计征购；利用荒岗湖滩种植粮油作物，谁种归谁，正如当时的中共安徽省委第一书记万里在省委研究这些决策时的会上所说的那样：与其土地撂荒，倒不如借部分土地给农民。谁知这一“借”，就一发而不可收。凭着“借”地的缘由，“包产到户”就找到了复活的机会。1978年，实行了“包产到户”的生产队就达1200个，次年又发展到38000个，约占全省生产队总数的10%，到1980年年底，安徽全省实行“包产到户”“包干到户”的生产队已发展到占总数的70%。与此同时，四川、贵州、甘肃、内蒙古、河南等地，“包产到户”也在或公开或隐蔽地发展着。到1980年秋，全国实行双包到户的生产队已占总数的20%；1981年年底，扩大到50%；1982年夏季，发展为占78.2%；而到了1983年春，全国农村双包到户的比重，则已占到了95%以上。至此，“包产到户”“包干到户”实际上自20世纪80年初以来，就已经成为我国农业中的一种主要经营形式了。

“包产到户”和“包干到户”确是农民创造、自发推广的。但是，党的政策的转变，对于家庭联产承包制迅速地确立起自己的地位，也起了难以估量的作用。邓小平同志在1980年5月31日的一次谈话中就讲：“农村政策放宽以后，一些适宜搞包产到户的地方搞了包产到户，效果很好，变化很快。”“有的同志担心，这样搞会不会影响集体经济。我看这种担心是不必要的。”“可以肯定，只要生产发展了，农村的社会分工和商品经济发展了，低水平的集体化就会发展到高水平的集体化，集体经济不巩固的也会巩固起来。关键是发展生产力，要在这方面为集体化的进一步发展创造条件。”[1]应当说，小平同志的这个讲话，对于“包产到户”站稳脚跟、迅速普及，是起了巨大作用的。1982 年 1 月，中共中央、国务院发出的关于农村经济政策的第一个“1 号文件”中明确指出：“一般地讲，联产就需要承包。联产承包制的运用，可以恰当地协调集体利益与个人利益，并使集体统一经营和劳动者自主经营两个积极性同时得到发挥，所以能普遍应用并受到群众的热烈欢迎。”“承包到组、到户、到劳，只是体现劳动组织的规模大小，并不一定标志生产的进步与落后。”“包工、包产、包干，主要是体现劳动成果分配的不同方法。包干大多是‘包交提留’，取消了工分分配，方法简便，群众欢迎。”这就使联产、承包、到户乃至包干，都有了存在和发展的政策依据。而 1983 年的中共中央“1 号文件”，则更为明确地提出：联产承包责任制，“这是在党的领导下我国农民的伟大创造，是马克思主义农业合作化理论在我国实践中的新发展”。这一评价，确实使农民吃了“定心丸”。

农业集体经济组织中的生产责任制，经历了一个从不联产到联产，从只许联产到队、到组进而联产到户，实际上反映了人们对农业中集体经济实现形式的一个认识过程。从 1956 年秋天始，只要哪里允许农民自主地选择农业的经营形式，哪里的绝大多数农民就一定会选择联产到户的形式。这种现象，是绝不能用农民的“小农经济意识”来作解释的。它实际上反映的

[1] 邓小平著：《邓小平文选》（1975—1982），人民出版社1983年版，第275页。

是农业生产本身的特点对其经营组织形式的客观要求，否则，为什么许多“离土不离乡”、亦工亦农的农民，并不提出将乡镇工业企业也要联产到户呢？至于那些适合于家庭经营的农村二、三产业，当然另当别论。农业中家庭经营的地位被重新确立，是农业经营体制反映了农业生产规律的一种表现，因此，也就不难解释为什么实行家庭经营之后，我国的农业生产能有如此惊人的增长了。

但是，家庭被作为一个经营层次引入集体经济之后，其意义绝不仅仅在于使农业的经营形式更适应农业生产特点的要求这一点上。因为当家庭作为一个相对独立的经营主体投入运行之后，农村的财产积累、分工分业、要素的流动和重新组合等规则，实际上都将发生意义深刻的变化。它是真正使农村经济从封闭走向开放、从传统走向现代化的基础。因此我们说，在农村中家庭经济的地位被重新确立，其意义是怎么估价也不为过的。没有联产承包和家庭经营，农村经济改革和发展的所有后续变化，都将无从谈起。所以，以家庭联产承包为主的责任制和统分结合的双层经营体制，必须作为我国农村经济中的一项基本制度，长期稳定实行。

3.2　生产要素的自由流动和重新组合

在农村实行单一的集体经济统一经营的情况下，农村生产要素的流动和组合，受到了双重的制约。第一重制约，是国家经济计划的制约。农村的集体经济组织，首先必须按国家计划的要求来配置生产要素。由于农业是在集体所有制的经济组织中运行的，政府不能直接对农业的基本生产单位下达指令性的生产计划。但是，为了保障社会对基本农产品的需求，政府对农业基本生产单位下达的主要产品收购任务，却是指令性的。因为我国农业生产的自给程度很高，在满足自给后能供给市场的农产品比重并不大，而政府实行了农产品的统、派购制度之后，农业中能由生产单位自主配置的资源，就所剩无几了。这样，本来政府下达的指导性的农业生产计划，由于有农产品统、派购制度的存在，指导性的生产计划实际上也就转化为指令性的了。这样，属集体经济组织的农业生产要素，实际上就是由政府计划来进行配置了。为了确保政府收购任务的完成，首先就必须保证农村的生产要素按政府的要求来配置。这就不能允许农村的生产要素自由流动和自由组合。而由政府来配置农村的生产要素，其选择余地实际上又是相当狭小的。这是因为：①统、派购农产品，实际就是低价收购，这就含有了让农民缴纳“贡税”的性质，既是税，必须让各生产单位分担，这就不可能考虑社会比较效益，而只能用行政办法分摊；②只要农村各业显示出不同的比较利益，生产要素就必然会向比较效益高的部门流动，这就有可能导致政府指定的那部分生产出现要素流失的现象，因此，必须用行政的办法，将农村的生产要素集中在政府指定的生产领域内，如提出“以粮为纲”的要素配置原则；③由于城市实行普遍的由政府财政支付补贴的福利制度，就使农村的劳动者不能流入城镇就业，否则就会让他们享受到本不该享受的财政补贴而造成突破财政预算。在这样的边界条件下，政府只能采取严格限制农村生产要素流动的措施，以保证粮、棉、油等基本农产品的生产。

要素流动的第二重制约，来自农村的集体经济组织。集体经济组织要限制的，主要是劳动者本人和农民家庭所能够支配的生产要素。在生产资料大都已实行集体所有制的情况下，劳动者和农民家庭能够支配的生产要素实在是相当有限的，其中最为主要的就是农民自身的劳动力。由于政府低价收购粮、棉、油等主要农产品所造成的大田生产比较利益低，因此，如果允许劳动力自由流动、劳动时间自由支配，那就完全可能造成大田生产劳力不足的局面，这既可能引起完不成政府的收购计划，又可能造成社员之间实际收入不平均的后果。而这又都是原有体制所不允许的。如果允许农民自由支配自己的劳动力和劳动时间，在当时的条件下，实际上也只存在着三个去向：一是走城转乡地做手艺，二是搞家庭副业，三是种自留地。因此，集体经济组织对农村生产要素流动的限制也主要在这三个方面。于是，就不断地靠用阶级斗争的方式，来一次次地搞“劳力归田”“割资本主义的尾巴”，以此来限制要素向这些方面的流动。

对要素流动的这两种限制，政府计划实际上限制的是农村集体经济组织的经营自主权，而集体经济组织限制的主要是农民的劳动时间支配权。因此，对要素流动的限制，不只造成了农村资源配置的劣化，而且还抑制了集体经济组织和农民这双重的生产积极性。

实行家庭联产承包责任制之后，对于肚子能吃饱、收入能增加，农民当然是欣慰不已。但若问起农民，对包产到户后，他们感到最满意的是什么时，得到的回答却往往是“自由了”！自由了，是什么意思呢？其实就是生产要素的流动和组合“自由了”。

首先，农业生产要素的配置“自由了”。家庭联产承包责任制，包了政府对农产品的征、派购任务，包了集体经济组织所要的提留，只要能完成这两项，其余由家庭可支配的农业生产要素，就都可以自由配置。对土地的追加投入越多，上述这两项以及自我消费所必需的部分所占的耕地资源，相对就可以越少，而资源配置的自由度也就越大。生产可以根据市场需求的多样性，充分发挥资源、技术和管理等方面的比较优势，生产正是在这个基础上逐步发展起来的。往前再迈一步，农户可以到市场上购买他所承包的必须交给政府商业部门的农产品，而自己则凭着特殊的资源和技术，从事经济收益更高的其他生产活动；政府的商业部门也采用“差价抵征购”的办法，向一部分更希望从事别种生产活动的农民，收取他们本应承担的统、派购农产品的牌、市差价款，以到市场去收购这部分统、派购产品，这也使得一部分农民得到了发挥比较优势的机会；一部分从事商品率高、收益也高的农民，干脆连自我消费的基本农产品也到市场去购买，以用更多的承包资源来发展自己的专业化生产。而这种变化，就使资源的优化配置，迈出了家庭承包的范围，这种户际或区际的交换方式，显然有助于农业生产要素的配置，使在更大范围内朝着发挥比较优势的方向发展得以实现。再向前迈一步，则是农户可以对承包耕地的经营使用权，在自愿、有偿的前提下转让或转包，这样，耕地的经营使用权就开始流动，使有能力耕种更多土地的农户，获得扩大耕地经营规模的机会。

其次，是农村劳动力流动和对农业剩余劳动时间的支配“自由了”。我国人多地少，农村户均不足8亩耕地，每个农村劳动力只有4亩耕地。在目前的农业生产发展水平下，实际根本用不了这么多劳动力。实行家庭联产承包制后，只要按承包合同完成政府统、派购计划和集体组织的“提留”，剩余劳动力的流动和流向，就完全是农户自行决定的事了；即便是仍在家务农的劳动者，在劳动时间的支配上也完全自由了。这就给农村非农产业的发展创造了极为重要的条件。

最后，是投资方向的选择“自由了”。由于改革以后，农业初级产品的迅速增长，也由于农产品价格的提高，农业的经济剩余明显地增加了。实行家庭联产承包制之后，不仅集体经济组织，而且农民的家庭也形成了资金的积累机制，也成了投资主体。在完成了承包的政府统、派购任务和集体的提留之后，农户的投资方向也是完全由自己决策的。投资方向选择的自由，是农村经济综合发展的一个重要条件，也是为农业剩余劳动力创造更多就业机会的一个重要条件。

有些人一直担心实行包产到户后，会不会使农村经济重新陷入“小农经济”的窠臼。这种担心之所以没有必要，重要的原因之一，就在于在商品经济有了新发展的大背景下，农民渴望并正努力地使农村的生产要素自由流动并优化组合。而这不仅是提高农村生产要素的综合生产率的必要前提，更是打破农村经济的封闭性，使农村经济跳出“小农经济”窠臼的重要保障。正是在这个基础之上，我们看到了近年来农村的生产资料、资金、技术、劳动力等要素市场的活跃和发展。在一个要素市场已经开始发育的社会经济环境中，我们当然没有理由疑虑农村是否还会回归到“小农经济”的老路上去。

3.3　经济成分和经营形式的多样化

单一的集体公有制和单一的集体统一经营形式，是人民公社的农村经济体制所留下的遗产。事实证明，单一的所有制和单一的经营形式，对于调动社会各方面的积极性、对于经济的发展，都是不利的。因为至少是缺乏竞争，也就使它缺乏压力、缺乏发展的动力。中国人口众多，特别是在农村，需要就业的劳动者数量巨大，而单靠公有资产这一种形式，显然无法解决中国的就业问题。硬将三个人的饭让五个人吃，硬要使公有资产把全体劳动者的就业问题都包下来，结果只能是人浮于事，不讲效率。这就会进一步降低公有制经济的积累率，使解决人们就业问题的困难更加突出，从而形成恶性循环。

实行单一的公有制和单一的集体统一经营形式，除了与对社会主义初级阶段的认识不足有关之外，就是为着实行计划经济的体制。因此，按着这种目标设计出来的经营单位，实际上就没有经营的自主权，因而也没有生产上的主观能动性。邓小平同志在党的十一届三中全会召开前夕的一次讲话中曾经说："一个生产队有了经营自主权，一小块地没有种上东西，一小片水面没有利用起来搞养殖业，社员和干部就要睡不着觉，就要开动脑筋想办法。全国几十万个企业，几百万个生产队都开动脑筋，能够增加多少财富啊！"但是在他讲这一番话之前，为什么长期没有形成这样一种局面？归根到底，是经济体制的问题。

单一的公有制和单一的集体统一经营形式，只是对实行计划经济这种手段有利。但手段并不是目的。事实上它也并没有实现促使社会生产力快速发展的目的。为了加快实现生产力发展的目的，这种单一公有制和单一集体统一经营的格局必须打破。而农村改革，又在打破这种格局上起了突破口的作用。

这方面的变革，最初是从农业的经营形式开始的，实行包产到户、家庭经营，就不再是单一的集体统一经营了，而成了统分结合的双层经营。实行包产到户之后的家庭经营，逐步可以在承包经营的过程中，积累起属于自身所有的资产，并使自有的资产作用于承包来的属于集体的耕地上。这时，投入生产过程的生产资料就有了不同的所有者，农业的生产资料也就不是单一的集体公有制性质了。再向前发展，农户自有的生产资料积累到一定的程度，在农村经济的某些领域内，农户就可以利用自有的生产资料单独地进行经营活动了。于是，家庭经营就有了两个方面，一是对承包来的集体公有的生产资料的经营（其间也往往会运用自有的生产资料），二是对自有的生产资料的经营。这样，农村的经济成分和经营形式就开始多样化了。不难看出，新的所有制性质的生产资料的产生和增长，并不是靠侵蚀原有的公有制资产而转化过来的，这是农村中形成多种所有制格局的一个重要特征。整个农村资产积累的这种新的机制，保证了在其他所有制资产增长的同时，公有的集体资产也在继续增长。1978 年时，公社、大队、生产队三级所有的生产性固定资产的原值，约为 849 亿元，而到了 1991 年年末，仅乡村企业和村组集体经营的生产性固定资产原值，就已经超过了 2664 亿元。

在包产到户逐步形成了家庭自有生产资料的基础上，又逐步产生了私营经济、合伙经营、股份制和股份合作制经济、不同所有制间的联合经营以及中外合资经营等多种多样的资产所有制、资产经营形式。这种格局对于调动农村方方面面的积极性，扩大社会资产积累的来源和速度、提供更多的就业岗位等，都具有重要的现实意义。同时，对于贯彻让一部分人先富起来、带动更多人的共同富裕的政策，也是一种生动、具体的体现。不难想象，没有以公有制为主体的多种经济成分、多种经营形式的活跃和发展，也就绝不可能有今天农村经济的这种充满活力、生机勃勃的局面。

3.4　乡镇企业的异军突起

在长期实行城乡分割、工农业分离的经济体制和经济发展格局下，农村的非农产业一直发展得十分缓慢。解放前，在以半自给经济为主的中国农村中，一直存在着大量的家庭副业和手工业作坊，乡村集镇上也存在着为数众多的个体商贩和小店铺。但解放后，由于在工商业的社会主义改造过程中，对农村手工业和个体商贩也采取了过“左”的政策，加上越来越多的农产品被列入了政府的统、派购范围，以致商贩无货可贩、农村手工业和传统的家庭副业无原料可加工，因此，在一个较长的时期内，农村中的工商业反而是衰弱了。

在1958年的“大跃进”中，因为要大炼钢铁和发展农业机械化，各地的农村人民公社纷纷办起了一批以农机修造为主的机械加工、修理企业。这些企业，可说是乡镇企业的前身，在当时被叫作社队企业。但为了维护当时的国民经济管理体制，防止农村大量兴办各类工业企业，避免出现所谓的农村小工业与城市大工业争原料、争能源、争市场的问题，当然更重要的是为了防止加工工业的利润流失、减少政府搞工业化的积累资金。在政策上，对农村非农产业的发展，长期采取了抑制的措施，规定了社队企业的发展必须遵循“三就地”的原则（即就地取材、就地加工、就地销售）。但可用作加工的农产品原料，却大多已被政府以统购、派购的形式收购走了。“三就地”的原则，实际上是不允许农村发展商品性的加工业，要把社队企业的生产严格地限制在农村自给性经济的范围之内。这种做法，僵化了农村“以粮为纲”的产业结构，抑制了农业剩余劳动力向非农产业的转移，将不断增加的农村劳动者束缚在日渐减少的耕地上，其结果是，既造成了农村大量资源的闲置，又抑制了农村经济的增长和农民收入的提高。

农村改革给农村经济带来了产业结构变革的机遇。农业实行了家庭联产承包责任制，由于农民生产积极性的提高、农产品价格的提高，农村的经济剩余增加了，这就为新的产业投资提供了物质基础。农业的劳动生产率提高后，原来在“大呼隆”“大锅饭”体制下隐蔽着的农业剩余劳动力，迅速地显现出来，农民要求拓宽就业门路和收入来源的愿望，正日益转化为自发的行动。乡镇企业就是在这个基础上“异军突起”的。具体说来，乡镇企业在20世纪80年代中期以后的迅猛发展，实际上至少有着四个基本条件。一是农村的剩余资金增加了，农民和农村集体经济组织具备了向非农产业进行投资的能力；二是农业中的剩余劳动力在实行家庭联产承包制后，可以自由地向非农产业流动了；三是党的政策允许其他多种经济成分、多种经营形式在公有制为主的前提下发展；四是城乡的商品市场和要素市场在改革的深化过程中，都有了一定的发展，使处于计划外领域的乡镇企业生存、活动和发展的空间越来越开阔。因此，从本质上可以说，乡镇企业的“异军突起”，也是改革深化的结果。

改革前的1978年，全国共有乡镇企业152.4万家，在其中就业的劳动者2826.6万人，占当时农村劳动力总数的9.3%；共创产值493.1亿元，占农村社会总产值的24.2%，其中工业产值385.3亿元，约占全国工业总产值的9.1%[1]。到1992年年底，全国共有乡镇企业2077.9万家，其中乡村集体企业151.9万家，基本仍保持1978年时的水平，而新增的大多是家庭、联户、个体、私营和多种形式的合资企业；在乡镇企业中就业的劳动者达10581万人，比1978年时增加了7754.4万人，增长了274.3%，占农村劳动力总数的24.2%；共创产值17685.6亿元，占农村社会总产值的66.4%，其中工业产值12676.5亿元，

[1] 农业部计划司编：《中国农村经济统计大全》，农业出版社1989年版，第186页。

约占全国工业总产值的34.4%；乡镇企业的总产值已占全国社会总产值的32.3%[1]。因此，无论是从农村经济看，还是从整个国家的经济看，乡镇企业都已占据着举足轻重的地位，全国工业和社会总产值的1/3左右、农村社会总产值的2/3左右，是由乡镇企业创造的；在乡镇企业中就业的农村劳动者，已相当于城镇企业职工总数的90%。在基本上没有国家的投资，在短短的十余年时间中，乡镇企业就在我国整个社会经济活动的空间中，为自己占据了这样不容人们忽视的份额，难道说这不是奇迹吗？由此我们可以说，乡镇企业的异军突起，是中国农民在农业的家庭联产承包制后的又一个伟大创造。

3.5 市场调节的主导作用和市场体系的发育

随着农村微观经营机制的转换，整个国家经济运行的机制也在逐步地发生转换，其中最引人注目的是，市场调节的作用随着家庭联产承包制的普及，而最先被引入了农村，并迅速地扩大着它的作用范围。

实行严格的计划调控的经济学依据，是商品的缺乏（其实要解决短缺问题，按经济学的逻辑而论，当然还可以有别的调节手段）。实行计划经济的原因是商品的短缺，但计划经济本身却始终难以解决短缺。这是我国实行20多年计划经济的实际结果。按这一逻辑，如要对计划经济的体制冲破一个缺口，那就必须在某些事关国计民生的战略性商品上，首先实现对短缺的突破。而这一点，则正是在实行了家庭联产承包制的农村实

[1] 国家统计局编：《中国统计摘要》（1993），中国统计出版社1993年版，第67页。

现的。

实行家庭联产承包制后，长期处于供求关系紧张状态的粮食、棉花、油料、肉类等基本农产品的供给量，有了迅猛的增长。从1979年到1984年的6年间，粮食的总产量增长了33.6%，平均每年增长4.95%；棉花总产量增长188.8%，年均增长19.33%；油料总产量增长128.2%，年均增长14.75%；肉类总产量增长79.9%，年均增长10.28%。这不仅基本缓解了主要农产品的供应紧张局面，更重要的是，这些原来由于短缺而由国家计划控制很严的重要产品，现在迅速地出现了一大块超计划供给的数量，致使计划的严格控制已无多大的必要。1983年，国务院取消了实行棉布计划配给的布票制度；1985年，党中央、国务院又取消了粮食的统购制度，开始实行政府商业部门对农民的合同订购制度，同时，又放开了猪、禽、蛋的派购制度，允许畜产品实行自由购销。所有这一切，都为市场机制作用范围的扩大，奠定了重要的基础。

实际上，农业实行家庭经营，而家庭经营的特点就是追求自己生产的更多的产品，能由市场去定价。农户为什么追求增产？为什么在完成国家的征购任务并完全满足自我消费之后，还要努力争取增产呢？就是为了要使这部分产品能拿到市场上去实现价值。市场上什么商品缺乏，什么商品的定价就会高，正是在市场价值规律的作用下，这些长期短缺的基本农产品的供给，才会有如此迅速的增长。20世纪70年代末到80年代中期，我国基本农产品供给的激增，主要原因是变换了农业的经营制度。尽管农户“包”的是政府的征购数量，但农民增加生产的目的，则是为了市场，为了使自己增加生产的农产品，能拿到市场上去卖一个好价钱。这说明，从农业实行家庭经营的那一天起，市场供求规律就开始对农业发生作用，这就从根本上改变了过去在集体统一经营下那种由于计划阻隔了供、求双方的联系，因而生产是为了完成计划的现象。

时至今日（1992 年），在我国的农产品购销中，仍然实行由政府按计划统一收购的，只剩下了棉花、烤烟和蚕茧这 3 个品种，其余的产品，都已允许自由流通。过去那种农产品基本由国营商业和供销社垄断经营的局面已被打破，农产品流通的多渠道、少环节局面已经初步形成。1978 年时，国家商业部门农产品的收购额，要占到当年社会农产品收购总额的 82.4%，而农民直接向非农业居民的销售额，只占社会农产品收购总额的 5.6%；到了 1992 年，这两个比重，前者已降为 55.2%，而后者则提高为 23.7% [1]。

1992 年年末，农村集市贸易市场已达 62000 多个，成交额 1700 多亿元；农副产品的批发市场和各类专业市场达 9500 多个，其中农副产品批发市场 1700 多个，成交额超亿元的市场已发展到 160 多个 [2]。与此同时，农村的生产资料市场、资金市场、劳动力市场、技术和信息市场等要素市场也有较大的发展，在农村的生产资料销售额中，市场调节部分已达 70% 以上 [3]。因此，无论是农产品还是生产资料的流通，市场调节的作用均已处于支配性的地位。

在过去 15 年的农村经济体制改革历程中，取得的成就是辉煌的。在某些重要的领域中，如微观经营机制、资源配置的基本原则、产业结构的变化规则、经济成分和经营形式的格局

❶ 国家统计局编：《中国统计摘要》（1993），中国统计出版社1993年版，第97页。

❷ 中国社科院农村所、国家统计局农村司编：《1992年中国农村经济发展年度报告》，中国社会科学出版社1993年版，第46页。

❸ 同上书，第47页。

等方面，都已初步形成了不可逆转的制度性成果。如果说，在过去的一段时期中，农村改革是顶住了某些不被理解的压力而坚持着市场取向的，那么，在党的十四大召开之后，在明确了将建立社会主义市场经济体制作为我国经济体制改革的目标之后，农村改革就一定能够更顺利地深化，并不断取得更辉煌的成就。

4. 农村经济改革与发展所面临的转折

农村经济的体制改革和农村经济的发展，尽管都已经取得了很大的成就。但是改革和发展都是不平衡的。经济体制的改革，从整体上看，农村相对于城市而言是超前的，从而导致了城乡之间改革的不平衡。即使在农村也存在着不平衡，表现在农村经济中一些独立性比较强的领域，如经营体制改革的进展就比较快，也比较彻底；而一些与整个经济全局联系比较紧密的领域，如流通体制、金融体制、财税体制等的改革的进展就比较慢，因为到了一定阶段，这些与整个经济全局关联紧密的改革，并不是农村独立可以推进的。同时，一些深层次的领域，如产权制度等，由于涉及对社会性质和某些基本理论的认识，改革的进展就会更滞后。改革进展的不平衡，实际上表明新旧体制都在起作用，在这种背景下，经济的运行就难免不出问题。同时，改革也是一个渐进的过程，这不仅表现在解决原体制的问题时需要有一个渐进过程，而且表现在原有的问题解决后，必然又有新的问题会产生，凡是原来的问题越具有重要性，解决它之后带出的新问题就越多。如家庭联产承包责任制，解决的是农村的经营体制和经营主体的运行机制问题，但却会带来农产品市场的安定、农村财富的积累、农村经济组织的创新等一系列问题。“包产到户”后所产生的新问题，要比它已经解决的问题更为繁多和复杂。此外，经济的发展方面也存在着不平衡，而这种不平衡又大多是属于经济体制的缺陷而造成的。如温饱问题基本解决之后，消费就要求日益多样化，既追求商品的较好品质，也要求体现个性和偏好，但由于传导这种信息的中介反应迟缓，如粮食的合同订购，它只表达消费者对粮食消费的数量要求，却不能表达消费者对粮食消费的品质要求，因此，在消费结构变化之后，生产结构却没能相应地作出变化，这就导致了供求之间的商品品质性的结构矛盾。要解决这类矛盾，要比解决单纯的数量性矛盾更为复杂。

中国经济体制改革已经历时 15 年了，但这 15 年，是在改革不配套、进展不平衡的状态下过来的，因此，取得成就固然是一个重要的方面，由改革不配套、不平衡带来的新矛盾、新问题，却也在日积月累。进入 20 世纪 90 年代以来，农村改革所取得的成就和积累下来的新问题，实际上都已发展到了一个新的阶段。因此，当前的农村经济，无论是在改革方面还是在发展方面，都面临着重大的新的转折。

4.1　农产品供求之间的结构性矛盾

改革之前，我国基本农产品，其中特别是食品的供求矛盾，主要是供给数量不足，且长期得不到缓解。如粮食，1957 年时全国人均占有量为 306.0 公斤，21 年后的 1978 年，只增长到 318.7 公斤，年均增长 0.19%；油料，1957 年时全国人均占有量为 6.6 公斤，过了 21 年，到 1978 年时反倒成了 5.5 公斤，下降了 16.7%[1]。正因为如此，在过去很长时期中，指导农业的基本思想，就是要千方百计地增加主要农产品的供给数量，以

---

❶ 国家统计局编：《中国统计年鉴》（1993），中国统计出版社1993年版，第390页。

致在很多情况下，农村经济发展的目标，往往也就被简单化为粮、棉、油，特别是粮食增产的目标。

在这种背景下展开的农村经济体制改革，其最初的动因和目标，当然也就离不开基本农产品，特别是粮食的增产。人们都清楚地记得，刚刚实行“包产到户”时，理论界以至社会上因此而掀起了一场农业的“道路、路线、方向”之争。但实际上，“包产到户”却并不是靠理论的推导才得以立足存身的，它是靠无可辩驳地促使粮食等基本农产品迅速增长的事实，来为自己的存在和普及开辟道路的。邓小平同志讲：“对改革开放，一开始就有不同意见，这是正常的。不只是经济特区问题，更大的问题是农村改革，搞农村家庭联产承包，废除人民公社制度。开始的时候只有1/3的省干起来，第二年超过2/3，第三年才差不多全部跟上，这是就全国范围讲的。开始搞并不踊跃呀，好多人在看。我们的政策就是允许看。允许看，比强制好得多。”[1]看什么呢？并不是看理论家们对“包产到户”的争论，而是看“包产到户”对农产品增产的实际效果。从1979年到1984年，只用了短短的6年时间，我国粮食的总产量水平就增加了10254万吨；而在整个实行人民公社体制的期间，即从1958年人民公社成立，到1978年农村改革开始，我国粮食的总产量从1958年的20000万吨，增加到1978年的30477万吨[2]，则用了整整20年的时间。粮食产量20年上一个台阶与6年上一个台阶，哪一个体制更好一点，当然是不言自

---

[1] 邓小平著：《邓小平文选》（第3卷），人民出版社1993年版，第374页。

[2] 国家统计局编：《中国统计年鉴》（1993），中国统计出版社1993年版，第364页。

明的。而“包产到户”也正是靠这一点才说服和吸引人们的。

但“包产到户”离不开它所处的整个社会经济环境。当时的大环境，就粮食而言，就是供给不足，以致供求关系紧张。因此，“包产到户”的首要任务当然就是增加粮食的供给。结果，6 年内使粮食的年产量提高了 1/3，平均每年的增长率达 4.95%，是同期的人口增长率（1.36%）的 3.65 倍[1]。从而使全国人均的粮食占有量，从 1978 年的 319 公斤，提高到了 1984 年的 396 公斤，增长了 24.1%，年均增长 3.7%[2]。

粮食产量持续的高速增长，一举缓解了困扰我国已久的粮食供求关系紧张的局面，从而基本解决了我国人民的温饱问题。但老的问题刚解决，新的问题却接踵而来：粮食产量的增长，受到了需求的制约，出现了所谓的“卖粮难”问题。在 1984 年，我国各粮食主要产区，几乎都出现了卖粮难问题。农民种出的粮食卖不出去，粮食的市场价格便不断下跌，在部分主要产粮区，粮食的集市贸易市场价格，甚至跌到了比国家的统购牌价还要低。至少是在中华人民共和国成立以来，中国农民还是第一次遇到这种粮食增产却反而在经济上对自己不利的局面。

从数量而言，粮食够吃了。这实际就是 1984 年农民面临卖粮难和粮价下跌的根本原因。在 1983 年时，全国居民每人平均每年消费的粮食，比 1978 年时增加了 18.9%，食用植物油增加了 153.1%，猪肉增加了 61.4%[3]；人民生活得到了明显

---

❶ 国家统计局编：《中国统计年鉴》（1993），中国统计出版社1993年版，第81、364页。

❷ 国家统计局编：《中国统计年鉴》（1986），中国统计出版社1986年版，第198页。

❸ 国家统计局编：《中国统计年鉴》（1984），中国统计出版社1984年版，第453页。

的改善，而城市职工家庭人均生活费支出中，用于购买粮食的比重已经在逐步下降：1981 年占 12.95%，1982 年占 12.89%，1983 年占 12.17%；与此同时，用于购买副食品的支出比重却在不断上升：1981 年占 30.71%，1982 年占 32.05%，1983 年占 32.83% [1]。这个变化说明，居民的食物消费，已从单纯追求吃饱，开始转向了追求吃好。这就对食物供给结构提出了新的要求：不仅需要充足的粮食供给，而且需要丰富的副食品供给。但这里讲的供求之间的结构性矛盾，还只是一种初级的结构性矛盾，它主要指的是食物的品种结构，尚未更多地涉及品质问题。

正是在这种情况下，1985 年 1 月 1 日发出的《中共中央、国务院关于进一步活跃农村经济的十项政策》中，在总结 5 年多农村改革所取得的成就之后指出，“但是应当看到，在农村生产向商品经济转化中还存在着种种不协调现象。农业生产不能适应市场消费需要，产品数量增加而质量不高、品种不全，商品流通遇到阻碍”，因此明确地提出了改革农产品统派购制度和大力调整农村产业结构这两项重要政策。就是在这个文件中，取消了粮食的统购，采取了合同订购的办法，并提出：“生猪、水产品和大中城市、工矿区的蔬菜，也要逐步取消派购，自由上市，自由交易，随行就市，按质论价。”应该说，这些政策规定，对于转变农业中单纯地追求粮食产量的增长，积极促进食物品种的多样化，起了及时而重要的作用。在这些政策的引导下，从 1985 年到 1988 年，我国的粮食总产量尽管并没有再创造新的历史最高水平，但副食品的供给，却极大地丰富起来，其中特别是肉类、水产品、水果的增长更为

[1] 国家统计局编：《中国统计年鉴》（1984），中国统计出版社1984年版，第464页。

显著。与 1984 年相比，1988 年的猪牛羊肉产量增加了 653 万吨，即增长了 42.4 %，平均每年增长 9.24 %；水产品的产量增加了 442 万吨，即增长了 71.4 %，平均每年增长 14.4 %；水果的产量增加了 681.6 万吨，即增长了 69.2 %，平均每年增长 14.06 % [1]。与此相适应的，是城镇居民家庭平均每人全年的生活费支出中，用于购买粮食的比重已降为只占 6.85 %，用于购买副食品的比重上升为 31.36%，用于食物购买的这两者比例为 1 ∶ 4.58[2]；而 5 年前的这一比例，则为 1 ∶ 2.70[3]。这说明，随着人民收入水平的提高，温饱问题解决之后，食品需求在品种上的多样化，以及副食品消费在食品消费中比重的提高，是具有必然性的。因此，1985—1988 年间，食品供给的品种结构的调整，不仅是极为必要的，也是成功的，它满足了食品市场需求变化的要求。

但从 1989 年开始，我国人民的食物需求，在更高的层次上又发生了进一步的变化。这就是不仅要求食品的品种丰富，而且要求食品的品质优良。这当然也就对农产品的供给提出了新的、更高的要求。

1989 年，我国粮食总产量打破了 4 年徘徊不前的局面，总产量比上年增长了 3.4 %，创造了新的历史最高水平。1990 年，粮食获得了空前的大丰收，达 44624 万吨，比上年增长了

---

❶ 国家统计局编：《中国统计年鉴》（1993），中国统计出版社1993年版，第367、375、381页。

❷ 国家统计局编：《中国统计年鉴》（1989），中国统计出版社1989年版，第732页。

❸ 国家统计局编：《中国统计年鉴》（1984），中国统计出版社1984年版，第463页。

9.5%[1]。但随即就又出现了严重的“卖粮难”问题。与此同时，粮食的收购价格也大幅度下降。1989年时，粮食（贸易粮）的收购混合平均价为每吨750元，1990年降为716元，1991年继续降为677.3元，直到1992年才略有回升，为706元[2]，但仍低于1989年达到过的价格水平。

实际上，我国人均占有的粮食总量，1992年比1984年还低4%，但为什么农民卖粮难的问题却持续3年而没有得到缓解呢？原因之一，是人均主要副食品的占有量有了明显的提高。1992年与1984年相比，人均占有的油料增加了21.6%，猪牛羊肉增加了68%，水产品增加了123.3%[3]。但这还只是问题的一个方面，问题的另一个方面，则是生产出来的粮食的品质，与需求的粮食的品质不相适应，因此有一部分低品质的粮食就失去了市场需求，成为无效的供给。例如，据了解，湖南、江西等几个早稻主产区在1992年的大米总库存达2100万吨，而其中有70%是城乡居民都不爱吃的早籼米[4]。全国的情况也大致如此，农民卖不掉或价格跌得多，以及国有商业部门积压的库存中，销售情况不好的早籼稻和玉米等，都占有较高的比重。一方面是生产出来的粮食有一部分销售困难，而另一方

❶ 国家统计局编：《中国统计年鉴》（1993），中国统计出版社1993年版，第364页。

❷ 国家统计局编：《中国统计年鉴》（1991），中国统计出版社1991年版，第263页;《中国统计年鉴》（1993），中国统计出版社1993年版，第273页。

❸ 国家统计局编：《中国统计年鉴》（1986），中国统计出版社1986年版，第198页。

❹ 国家统计局编：《中国统计年鉴》（1993），中国统计出版社1993年版，第390页。

面，某些品种粮食的进口则又在增加，如优质大米、硬粒小麦和生产啤酒用的大麦等，不仅在涉外宾馆，甚至在不少城市的食品商店、自选市场等，也都在出售泰国的或是我国台湾的大米；而食品工业使用进口小麦来加工面包、糕点、方便面条的情况，则已相当普遍。这种情况表明，在我国的粮食供求关系中，已经出现了过剩与短缺并存的局面，即低品质的粮食供大于求、造成积压，而高品质的粮食供不应求、进口增加。连续三四年来，国内市场上粮价低迷的情况，说明这种过剩和短缺并存的局面已达到了一定的程度，并正在向别的品种扩散，如一部分蔬菜、水果等。

我国的农业，由于人多地少，劳动生产率相对较低。前十多年中，由于一些重要农产品的价格不断上调，我国的某些大宗农产品与国际市场相比，在价格上已不具有多少优势；但从总体来说，我国农产品的品质，却与国际市场的供货质量存在着较大的差距。因此，如果主要农产品的供求之间的品质结构矛盾长期得不到解决，那就不仅对农民的收入增长是一个严重的制约，而且也难以抵挡国外农产品对我进口的增长趋势，那就将对我国的农业和农民，构成越来越大的压力。

但农产品质量的提高，要比品种的调整困难得多。农产品品种的调整，一般说来只是个种植品种的调整问题，而农产品质量的提高，却涉及农业的科技进步问题。因此，品种调整是个快变量，而质量提高却是个慢变量，对农业来说尤为如此。进入 20 世纪 90 年代以来，我国农民面临着不少的困惑，其中一大困惑就是农业的增产不增收或少增收，其实根源也在于农产品的品质问题。1992 年国务院召开了全国高产优质高效农业会议，目的就在于要扭转农产品供求中的品质结构矛盾。这应当说是 20 世纪 90 年代我国农业发展的一大主题。而要解决好这个问题，显然需要在农业的科技、投资、农产品的购销、价格体制等方面，都进行更为深入的改革。说到底，农产品的品质，只有市场才能作出权威性的评价；计划通常是只能保证数量而难以保证质量的。所以，要尽快提高农产品的品质，最根本的也还是一个加快市场体制的建设问题。

4.2　乡镇企业适应市场竞争要求和增加就业之间的矛盾

乡镇企业目前已经成为我国农村经济中的一大支柱。但是，从 20 世纪 80 年代末开始，乡镇企业的发展也出现了一些重要的变化。其中一个不容忽视的变化，就是乡镇企业的产值增长率很高，而吸收新增劳动力就业的能力却下降。这个问题之所以值得引起人们的高度重视，是因为 20 世纪 80 年代中期以后，人们曾认为，只要乡镇企业能发展，农业的剩余劳动力就能转移，就有出路。但过去几年的实践已经证明：粮食增产，农民不一定增收；乡镇企业如按现在这种格局增长，它对农业剩余劳动力的吸纳能力，将不是越来越强，而可能是日益减弱。如果这个判断能成立，那就涉及今后农村剩余劳动力转移的方式和途径问题，而这则是一个事关农村发展的重大问题。

近几年来，人们常常将乡镇企业说成是最具中国特色的一种农村工业化模式。究竟是为什么要让大量的工业企业办到农村去，而且是那样分散地办到乡乡、村村，办到农民的家门口呢？分析起来，原因固然很多，但最主要的，大概就是为了让农业剩余劳动力就地转移到非农产业上来。这里姑且不分析为什么要让农业剩余劳动力就地转移就业，可有一点人们的认识是一致的，即发展乡镇企业的一个主要目的，就是可以解决农业剩余劳动力的就业问题。但如果乡镇企业在产值的高速增长中，对吸收新增就业者的能力反倒下降了，那么，似乎就没有什么特别的理由，要让工业企业分散地办到农村去的必要了。因此，乡镇企业吸收新增就业的能力问题，实际上也是一个关系到乡镇企业自身发展模式的问题。

我国的乡镇企业，是在 1984 年以后才真正“异军突起”的。1983 年时，乡镇企业中的就业者总数为 3234.6 万人，到了 1988 年，就业者总数增加到了 9545.5 万人。5 年之中，在乡镇企业中的就业者人数就增加了 6310.9 万人，平均每年增加 1262.2 万人[1]。曾有人认为，1985—1988 年出现的粮棉生产徘徊的局面，是由于这一阶段农业劳动力向非农产业转移的速度过快而造成的。这完全是一种误解。实际上在上述的 4 年里，我国农业中的劳动力总数不仅没有减少，反而还增加了 1106 万人。也就是说，尽管在 1984—1988 年间，乡镇企业的就业者总数虽然增长了 195.1%，而农业中的就业者人数却仍然增长了 3.6%。可见转移农业剩余劳动力的任务是极为繁重的。但在 1989—1992 年间，乡镇企业在 4 年时间内，总共只新增吸收了 1035.6 万劳动者就业[2]，这 4 年新增吸收的就业总量，尚不足 1984—1988 年中每年平均的吸收量。但在这 4 年中，农村却净增了 3734.9 万劳动者[3]。因此，从总量上说，1989—1992 年

---

[1] 国家统计局编：《中国统计年鉴》（1993），中国统计出版社1993年版，第395页。

[2] 国家统计局编：《中国统计年鉴》（1993），中国统计出版社1993年版，第395页。

[3] 国家统计局编：《中国统计年鉴》（1989），中国统计出版社1989年版，第161页，《中国统计年鉴》（1993），中国统计出版社1993年版，第329页。

间，乡镇企业新吸纳的就业者，只占同期农村新增的劳动者总数的 27.7%。1992 年年底，农业中的就业者人数已达 34037.0 万人[1]，比 1988 年的 31455.7 万人[2]又增加了 2581.3 万人，即我国农村中靠农业就业的劳动者总数，在这 4 年中又增长了 8.2%。无疑这使得有限的农业资源的经济负荷进一步加重，农业劳动者就业不充分的问题进一步加剧，从而也构成了近年来我国农民收入增长缓慢的一大原因。

近年来乡镇企业吸纳新增就业者能力的下降，原因是多方面的。深层次的矛盾，在于乡镇企业自身在产业结构和企业布局这两大问题上的先天不足，但这不是乡镇企业自身能够解决的问题，具体的分析我们将在以后的章节中展开。这里要讲的问题，主要是乡镇企业在激烈的市场竞争中，必然会发生的资本有机构成将不断提高的趋势。1992 年全国乡镇企业已超过 2000 万家，总产值已接近 18000 亿元，市场竞争的激烈程度是可想而知的。为了在市场的激烈竞争中立稳脚跟，上规模、上档次，尽可能地采用先进设备和先进工艺，已成为各地乡镇企业，特别是相对规模较大的乡、村集体企业的一个发展趋势。因此，资本有机构成的提高，就成了乡镇企业为适应市场竞争环境的一种必然趋势。以乡村两级乡镇企业为例，1985 年时，共拥有固定资产原值 750.4 亿元（固定资产净值为 589.7 亿元），共吸纳就业者 4537.05 万人，平均每创造一个就业岗位，

❶ 国家统计局编：《中国统计年鉴》（1993），中国统计出版社1989年版，第330页。

❷ 国家统计局编：《中国统计年鉴》（1989），中国统计出版社1989年版，第161页。

需占用固定资产1653.94元（按固定资产净值计则为1299.74元）；到了1992年，乡村两级企业拥有固定资产原值为3463.1亿元（净值为2585.9亿元），共吸纳就业者5148.8万人，平均每创造一个就业岗位，需占用固定资产原值6726.03元（净值为5022.33元）[1]。不难看出，乡镇企业的资本有机构成提高速度是相当快的。此外，乡村两级企业，每百元总收入所占用的流动资金，从1985年的32.3元，提高到了1992年的40.5元；而每百元资金实现的利税，却从1985年的23.7元，降为1992年的14.3元[2]。因此，乡镇企业在产值的高速增长中，对资金的占用水平，也明显地提高了。这些情况都表明，乡镇企业，特别是东南沿海和大城市郊区的乡镇企业（1992年，京、津、沪、苏、浙、鲁、粤7省市乡村企业的总收入，就占全国乡村企业总收入的62.9%）[3]，实际上已经开始步入了资本替代劳动的发展阶段。这对于具体的企业来说，当然是技术进步的重要标志，但对于数量庞大的希望实现就业转移的农业剩余劳动力而言，则绝不是福音。

如何使乡镇企业的发展能够创造出一种新的格局，从而为农业剩余劳动力的转移创造更多的就业机会，这显然也是20世纪90年代农村经济发展所必须考虑的又一大主题。要解决好这一问题，同样需要在体制的改革方面迈出新的步伐。这将涉及一系列深层次的问题：产权问题、要素市场问题、农民身份

❶ 国家统计局编：《中国统计年鉴》（1993），中国统计出版社1993年版，第395页、397页。

❷ 同上书，第395页、397页。

❸ 同上书，第299页。

转变及户籍管理问题，以及城镇的福利和社会保障体制等。中国农村劳动力的充分就业问题，已经是一个压力极大而又必须尽快解决的重大问题，不解决好这个问题，不仅解决农村人口收入增长的现实问题难有出路，还会逐渐演变成严重的社会问题。既然乡镇企业已经为20世纪80年代中后期的农村劳动力就业问题作出了巨大的历史性贡献，那我们也就有理由相信，在建立社会主义市场经济体制的过程中，通过进一步深化改革，乡镇企业必将继续为解决农村剩余劳动力的就业问题，作出新的贡献。

4.3 农村实现“小康”的目标和农民收入增长缓慢的矛盾

在20世纪80年代农村经济的改革和发展中，农民的收入水平有了明显的提高，绝大多数地区的农民都摆脱了贫困，基本解决了温饱问题。因此，在20世纪90年代，对农民最具有吸引力的目标，就是“奔小康”。农民向往小康水平的生活，这是不难理解的，而实现“小康”水平，也是我国经济发展到20世纪末要达到的既定目标。至今（1992年）为止，我国仍有75%左右的人口是居住在农村，因此，国民经济要达到“小康”目标，与9亿农民能否过上“小康”生活，关系极大。农民穷困，国家就不可能富裕；农民达不到小康水平，整个国家就谈不上达到小康目标。从这个角度看，我们应该认识到，农民的“奔小康”绝不单纯是个农民生活水平提高的局部性问题，它实际上是关系到国民经济能否在20世纪末达到“小康”目标这一战略部署的全局性问题。

中华人民共和国成立以后，我国农民的收入和消费水平虽也有一定的提高，但总的来说，提高的速度不快，特别是与城市居民相比，在很长的一段时间里，农民的收入增长和消费水平提高的速度是滞后的，因此，城乡居民间的收入和消费差距也是在逐步拉大的（参见表 4–1）。

表 4–1　农民与非农业居民平均消费水平变化及比较

单位：元

年份	全国居民	农民	非农业居民	农民：非农业居民
1952	76	62	148	1：2.39
1957	102	79	205	1：2.59
1962	117	88	226	1：2.57
1965	125	100	237	1：2.37
1970	140	114	261	1：2.29
1975	158	124	324	1：2.61
1977	165	124	361	1：2.91
1978	175	132	383	1：2.90
1979	200	155	416	1：2.68

资料来源：农业部政研室编：《中国农业经济概要》，农业出版社 1982 年版。

城乡居民间的消费差距，虽在 1965—1975 年间略有缩小，但是，从总的变动趋势看，在 1952—1978 年间，这种差距是在持续地扩大的。从实行改革开放的政策以后，尤其是农村的改革率先突破、首战告捷之后，城乡居民的消费差距，开始逐步缩小，但到 1986 年之后，由于城乡改革的不配套、不协调，这种差距缩小的趋势又开始逆转（参见表 4–2）。

表 4-2 农民与非农业居民平均消费水平变化及其比较

单位：元

年份	全国	农民	非农业居民	农民：非农业居民
1980	227	173	468	1：2.71
1981	249	194	487	1：2.51
1982	267	212	500	1：2.36
1983	289	234	531	1：2.27
1984	329	266	599	1：2.25
1985	406	324	747	1：2.31
1986	451	353	851	1：2.41
1987	510	394	979	1：2.48

资料来源：国家统计局编：《奋进的 40 年》，中国统计出版社 1989 年版。

改革以来的这十几年中，农民收入增长与农村经济增长的关系，已经发生过几次变化。第一阶段，是从 1979—1984 年，这一期间，农民的收入增长，主要是靠农业，特别是大宗农产品，如粮、棉、油的较大幅度增长来推动的。第二阶段，是 1985—1988 年，这一期间，农民的收入增长，主要是靠乡镇企业的快速发展来推动的；在这一期间内，农业的增长不甚景气，特别是粮、棉生产，处于一种徘徊状态，因此，非农产业的增长对这一期间的农民收入增长，起了举足轻重的作用。第三阶段，是 1989 年以来，这一阶段出现了一些新的矛盾，突出的问题之一，是出现了农业生产增长和农民收入徘徊的不协调现象。1989—1991 年间，农业总产值平均每年增长 4.6%，一些主要农产品的商品量，增长幅度很大。按社会收购量计，这 3 年中，粮食、棉花、油料平均每年分别增长 4.4%、11.9% 和 6.5%，猪、蛋、水产品平均每年分别增长 6.9%、11.1%

和 14.2%[1]。农产品的供给情况如此之好，但农民的实际收入增长情况却很不好。1989 年，农民人均实际收入比上年下降了 1.6%，这是自农村改革以来，农民的人均实际收入第一次出现负增长的情况；1990 年，农民人均实际收入比上年仅增长 1.8%；1991 年，农民人均实际收入比上年增长 2.0%[2]。3 年平均下来，农民的人均实际收入每年平均只增长 0.7%，处于徘徊和停滞的状态。而且，3 年平均增长 0.7%，这还是全国的平均情况，如考虑到农民收入的地区差距问题，有相当部分地区农民的纯收入实际是下降的。如 1991 年，全国农民人均实际纯收入比上年增长 2.0%，但从分省统计看，有 8 个省区（晋、蒙、吉、黑、苏、皖、鄂、青）农民当年收入的绝对额就低于上年（未扣除物价因素），另有 6 个省区（湘、桂、陕、甘、宁、新）农民当年纯收入的增长幅度，低于当地农民生活费用价格指数的上涨幅度，因而实际也是负增长。这样，1991 年，差不多全国有一半省区农民的实际收入是下降的。

农业增产和农民不增收，这是一对反差极为强烈的矛盾。而农产品价格持续低落，则是当前农民所面临的一大困惑。与 1989 年相比，1991 年的粮食、畜产品的社会收购价格指数，分别下降了 12.5 个和 10.1 个百分点。因此，农民增加销售农产品，并不能带来相应的收入增长。与此同时，农村工业品的零售价格指数，却仍在持续上涨。1989 年，农村工业品零售价格指数的涨幅，比农产品收购价格指数的涨幅高出 3.7 个百分点；

❶ 根据《中国统计年鉴》（1990）、《中国统计年鉴》（1991）、《中国统计年鉴》（1992）有关数据计算。

❷ 根据国家统计局发布的1989年、1990年、1991年《国民经济统计公报》数字计算。

1990 年又高出 8.1 个百分点；1991 年继续高出 5 个百分点。因工农业产品价格指数的逆向变化，这三年中，农民减收增支，净损失约 639.6 亿元，人均约 70 元。农业的比较利益进一步下降，势必严重地打击农民的生产积极性。1992 年，全国粮食面积减少约 2400 万亩，而总的耕地面积，也有进一步减少的趋势。可见，农业增产而不能使农民的收入相应增加，农业的地位将是难以巩固的。

近年农民收入增长的速度减缓，原因是很复杂的。但从其主要的方面来看，应该说，本章前两节所分析的当前农村经济中出现的两大新的矛盾，即农产品供求之间的结构性矛盾，以及乡镇企业产值增长快而吸收新增就业者能力下降的矛盾，是造成农民收入增长缓慢的两个最主要原因。由于上述这两个矛盾，是农村经济发展转折中出现的具有阶段性的矛盾，也是国民经济中工业和农业、城市与乡村关系长期不协调的结果，因此，它们将在一段时期内对农民的收入增长构成制约。但如前所述，20 世纪 90 年代农民收入的增长，对于稳定农民的情绪、保持农村经济的发展，对于实现国民经济发展在 20 世纪末所要达到的目标，都具有举足轻重的影响。因此，面对农民收入增长的现实制约，必须进一步解放思想，加大改革的力度，开辟出增加农民收入的新的途径。从某种意义上讲，农村的改革是否取得进展、农村的经济政策是否切合实际、农村的发展目标确定的是否正确，归根结底，就要看农民的实际收入水平是否持续地得到提高，要看城乡居民间的收入和消费水平的差距，是否切实地逐步缩小。因此，在整个农村经济工作中，都必须高度关注农民的收入增长情况，这是农村稳定的基础，也是农村发展的标志。

但正像人们都已认识到的那样，农民的收入增长情况，实际是农村经济中综合程度最强的一个指标。因此，要解决农民的收入增长问题，就必须在农村经济的各个重要方面，采取一系列配套的改革和发展措施。只有这样，才能为农民收入的持续、稳定增长，打下坚实的基础。因此，本书以后的各章，将着重对农村经济中几个主要环节的改革和制度建设，进行论述。

5. 农村土地制度建设

在任何国家中，农村的土地制度，都是农村经济的基本制度之一。农村的土地制度，不仅关系到农民的切身利益，而且还影响到农业的长期发展方向。我国人多地少，人均农地资源相对稀缺。如何切实保护好我国有限的农地资源，如何进一步提高我国农地的利用效率，不仅对农村发展，而且对整个国民经济的发展，关系都极为重大。农村土地制度是一个严密的系统，它的有效运转，绝不是单纯地在法律上规定了农地的所有制性质就可以实现的。在这个问题上，过去的农村经济体制，长期采取简单化的处理，以致农地在使用过程中的利益矛盾得不到及时的解决，影响了农地的使用效率。中华人民共和国成立以来，我国的土地制度，从所有权到经营权，都已几经变动。目前，我国宪法已明确规定：农业的家庭联产承包制与统分结合的双层经营体制，将作为我国农村经济中的一项基本制度，而长期稳定实行。实践也已经证明，农业的这一经营体制，是符合我国的具体国情的，因而也是有效的。而农村的土地制度，则是农业经营体制的重要基础之一。因此，根据长期稳定地实行农业家庭联产承包制和统分结合的双层经营体制的原则，完善我国农村的土地制度，并使其有效运转，是当前和今后一个时期内，深化农村改革的重要内容之一。

5.1 关于土地集体所有制的分析

自1956年年底我国农村基本上普及了高级农业生产合作社之后，土地私有的制度就从中国大陆被铲除了。从那时起，我国的土地就只存在两种所有制：城镇土地、大城市郊区的菜地、重要的大林区、已被政府征用的工矿、基础设施和军事用地等，均实行国有制；而乡以下的农村地区，对农村集体经济组织使用着的耕地、林地和水面等，则主要实行社区性的集体所有制。农村土地的集体公有制，并没有因为实行家庭联产承包制的改革而发生变化，但土地的利用效率却明显地提高了。这是人们有目共睹的事实。这个事实表明，对农村土地的集体公有制，是不能简单地用好或不好来作评价的。为此，我们就有必要对农村的土地集体公有制展开一定的分析。

一、土地所有制和土地使用效率

集体公有制的土地，在实行家庭联产承包制前后的不同使用效率说明：土地的所有权制度与土地的利用效率之间，并不存在着直接的经济联系。从理论上讲，土地的所有权，只与土地的绝对地租和第一种形态的级差地租属谁所有有关；而土地的使用效率，则只与土地的经营方式（这里当然也包括生产的技术水平）有关。所以，在土地所有制与土地使用效率这两个概念之间，必须用土地的经营方式这个概念来作联系，才能把上述两个属不同范畴的概念连接在一起。并且，在大多数情况下，也就是说在土地的所有权制度已经确定的情况下，最重要的问题就是选择土地的经营方式，因为土地的所有权本身并不能决定土地的利用效率，所有权必须找到自己的实现形式，即经营方式，才能实现自己的经济利益，没有被经营的土地没有价值，这是人人都明白的道理。而在原来的经济体制下，人们恰恰是忽视了经营方式对于所有权在经济上实现自己的重要性，误以为所有权自身就能决定生产的效率。因此，使得农村集体土地的公有制走入了迷途。

回顾我国农地集体公有化的过程，可以看到，在决定发生这一过程的诸多因素中，真正具有重要意义的，是抑制了小块土地私有制基础上的小农的分化，从而也避免了一部分农户沦入破产的境地。至于当时考虑的其他种种因素，如开展大规模农田水利基本建设的需要、运用大机器进行农业的机械化耕作、采用先进科技成果改进耕作方式等，其实都不存在需要改变整个社会的土地所有权制度的必要性，因为通过土地的租赁和地租的合理分配，使土地的经营权合理地流动和集中，上述要求在不改变土地的所有权制度的情况下，也是可以逐步实现的。而唯有农户的分化、部分农户的破产，以及由此引起的土地的兼并，是非靠实行土地的公有制才能得以抑制的。因此，农村土地的公有化，真正的意义，在于避免了土改之后农村重新出现经济和社会的分化现象。从这个意义上可以说，实行农村土地的集体公有制，主要的是政治核算而非经济核算的结果。这对于巩固当时新生的人民政权，确实是一项极为必要的政治措施。

问题并不在于该不该实行土地的公有制。土地公有乃至国有，并不是社会主义国家的特有现象，公有土地在任何国家都有。问题在于实行土地公有制之后对经营方式的选择上。实行土地公有，本来是一项重要的政治措施，但人们却把它当作是一项可以直接提高效率的经济措施。结果是自己迷惑了自己。本来，社会规模的生产资料所有制的变更，其本质是社会和政治的变革，这种变革的发生，其目的就在于找到更为有效的生产资料的经营方式。但是，在从高级社到人民公社的变革过程中，理论和政策的导向，却是都要人们认为，土地公有制本身就是土地的经营方式。因此，它必然导致集体公有土地只能实行集体统一经营这样一种结论。进而继续推导出任何改变集体统一经营的尝试，都是对瓦解土地集体公有制的图谋。因而，一次次地把农民寻求土地有效经营方式的尝试（如划小生产队，使作业组拥有一定的分配权、联产到劳、包产到户等），都视作是对土地集体公有制的削弱，严重挫伤了农民的生产积极性，也降低了土地的利用效率。

在人民公社的体制下，农业生产效率的低下，在于土地的经营形式，而不在于土地的集体公有制；同样的道理，实行农业家庭联产承包制后，提高了农业的生产效率，原因也在于土地的经营形式，而不在于改变了土地的集体公有制。但是，人们却是通过实行家庭联产承包制，才认识到经营形式与生产效率的关系的，也才认识到，土地的所有权是可以与土地的经营权相分离的，而这种分离，并不会改变土地的所有权制度。这个认识之所以有极端的重要性，因为它可以避免为了提高土地的利用效率，而去不断地变更土地的所有权关系，从而可以在稳定现有的土地集体公有制的基础上，去寻求土地经营方式的创新和完善。

二、集体土地公有制与所有者的经济实现

生产资料的所有权制度，是一个严密的权益体系。生产资料所有制体系，至少包括以下四方面的内容：①生产资料的所有权。即受法律保障的生产资料的归属问题，它是生产资料所有者得以拥有其他权益的法权基础；但是在生产资料的所

有者只拥有资产的所有权，而实际并不再拥有对资产的其他权益时，资产的所有权则只有法律上的意义而并未得到经济上的实现。在这种情况下，生产资料的所有权实际上就被虚置了。②生产资料的经营权，经营权是生产资料得以在经济上得到实现的必要形式。经营权即是将生产资料与其他要素进行组合，使资产投入运行、使其在物质资料的生产过程中起作用的权力。显然，获得生产资料的经营权，至少可以有两种方式，一是直接凭借对生产资料的所有权而获得经营权；二是通过一定的契约关系，从生产资料的所有者手中让渡对生产资料的经营权。而这种经营权的让渡，并不改变资产的归属，只形成资产所有者与经营者对经营所得的分割关系，但它确实说明，在资产投入运行时，资产的经营权与所有权，是既可以合一，也可以分离的。③生产资料的受益权。即凭借对生产资料的所有权而获得资产因被使用所带来的经济收益的权力。资产被使用所带来的收益，至少应被分割成两个部分，一部分是资产所有者的收益，如资金的利息、土地的租金等；另一部分是经营资产的收益。在所有权与经营权合一的情况下，这两部分收益都属于资产的所有者；在所有权与经营权分离的情况下，这两部分利益，对所有者和经营者来说，就都必须各得其所，否则资产就难以投入合理的运行。④生产资料的处置权。这是凭借对生产资料的所有权，对资产的所有权关系或资产在经营中的责任形式进行变更的权力，如出售资产，由直接经营改为租赁经营或入股或合伙经营，或者将资产进行抵押，等等。完整的生产资料所有权制度，至少是由上述 4 种权益关系所构成的，因此，生产资料的所有者，并不是一个抽象的或仅仅是法权上的概念，它是有着十分具体的经济权益的，而抽象的或法权概念上的所有者权力，是必须通过一系列具体的经济权益才能得到体现的。

如果以这种丰富的资产所有权概念的内涵，来评价人民公社时期的农村集体土地的公有制度，就不难发现，这种土地集体公有的制度，是不健全的、残缺的，因此在很大程度上，集体的土地所有权也是被虚置的。因为作为集体公有土地的所有者——农村中的作为基本生产单位和基本核算单位的集体经济组织，从来就没有真正行使过它对公有土地的经营权、受益权和处置权。

正像资产的所有权具有排他性一样，资产的经营权必须具有自主权，经营者如果不能拥有经营的自主权，那么，经营者实际就等于失去了其应有的地位。但在大多数农产品都被列入统购、派购制度的背景下，土地的使用，包括种植什么、种植多少，乃至何时播种，何时收割，以及对土地产品的处理，包括可以留多少作自我消费，必须出售多少、出售给谁、以什么价格结算等，所有这一切，集体经济组织不仅无自主的决定权，甚至也没有参与讨论和谈判的权力。一切按计划安排行事，这是当时集体土地的所有者在农地经营过程中所处的真实地位。因此，尽管法律确实十分明确地规定，农村土地的所有权属农村集体经济组织公有，但由于计划经济体制剥夺了农村集体经济组织对农地的经营权，因此，集体土地的所有权在这时就失去了意义——似乎它所耕种的并不是它所拥有的土地，它无法在自己本能实现的范围内，使土地给自己带来更多的收益。

资产受益权的实质，表现在农业领域内，是凭借对土地的所有权所获得的地租收入。地租收入，是土地所有权的经济本质。无论是土地所有者直接经营土地，还是将土地让渡给他人经营，地租总是客观存在并属土地的所有者获取的。但农村集体经济组织，它作为农村土地的所有者，在原有的经济体制下，是否获得了土地的地租收入呢？并没有。这从农村土地实行集体公有制之后，农村集体经济组织的固定资产积累情况就可以看出来。到1978年年底，全国人民公社三级所有的固定资产原值总额为849亿元，这其中当然还包括购置固定资产后，以资产收益再添置的固定资产。但即便将这笔固定资产都计为以地租收入购置的，那么全国15亿亩耕地，在1957—1978年这22年中，平均每年每亩耕地仅提供2.57元的积累，相当于当时10公斤稻谷的价钱，约占那一阶段每亩耕地平均粮食产量的7%左右[1]。但事实上，公社拥有的固定资产显然并不是由地租收入购置的，其中有相当大的部分是靠农民的劳动积累而形成的。如果说确有地租收入并被用于了积累，那么这些地租收入也是微乎其微的。如果说地租收入并没有被用于积累，而是直接变成了农民的收入，那么与实际情况更不相符。因为农民终年劳动，也只不过勉强能保持温饱而已。如果讲农民的收入中包含地租的收入，那等于是说农民靠劳动是无法维持自身的再生产的。这显然是违背事实的。那么，地租到底到哪里去了呢？地租实际是通过农产品的统派购制度，通过工农业产品交换的剪刀差，以“贡税”的形式转化成了国家工业化的积累资金。据有关部门的测算，以工农业产品交换剪刀差的形式，农民缴纳的“贡税”，截至1988年已经超过了6900亿元[2]。由此可见，虽然农村集体经济组织是农村土地的所有者，但对于

[1] 据农业部政策研究室编：《中国农业经济概要》，农业出版社1982年版，第118页；国家统计局编：《中国统计年鉴》（1993），中国统计出版社1993年版，第371页等有关数据测算。

[2] 国家统计局农调队住户处：《价格变动对农民收入影响的初步分析》，《经济研究》1989年第9期。

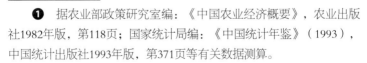

地租收入，至少是地租收入的绝大部分，却并不是由集体所获取的。

至于农村土地的处置权，农村集体经济组织则更是从未享有过。实行了土地公有制之后，除了政府征用土地，是不存在土地的买卖的，因此，土地所有权让渡的情况是不存在的。即使是集体公有土地在集体组织内部的处置，如可以分给每户农民多少自留地等，也都是由各级政府作出具体规定的。因此，农村集体经济组织，在原有的经济体制下，从来就没有拥有过完整的、经济意义上的土地所有权，它的土地所有权实际上是被虚置的。

5.2 家庭联产承包制与农村土地制度的创新

以往，人们在谈论农村土地制度的时候，往往关心的只是土地的所有权制度；而对农地的所有权制度，往往关心的又只是土地在法权意义上的归属问题。因此，对整个农地制度，人们只关心农地所有制的性质问题，似乎农地属于谁的性质一经法规载明，农地制度中的其他问题便都可以迎刃而解了。家庭联产承包制的出现，使人们对农地制度问题有了一个新的认识，开始感觉到在解决了土地所有制的性质问题之后，农地制度中还有一系列重要的问题需要继续去解决，如土地的经营形式问题，地租和地税的问题，土地使用权的流动和集中问题，以及超越土地所有者和经营者层次的农地行政管理问题，等等。当然，并不是说家庭联产承包制已经解决了这些问题，但同样明显的是，如果没有家庭联产承包制，我们甚至至今都还不会提出这些问题。因此，不管家庭联产承包制对农地制度的建设提出了多少复杂的新问题，但它在我国农地制度创新过程中的作用和地位，是绝不应被忽视的。

一、家庭联产承包制与农地制度的关系

家庭联产承包制改变了原体制下的农地经营形式，这一点是人所共知的。但这一轮家庭联产承包制实行 15 年来，围绕着它的争论从来就没有停止过。大的争论至少有过三次。第一次是 20 世纪 80 年代初“包产到户”刚在局部地区实行的时候。那是一场关于家庭联产承包制的性质，即它是“姓社还是姓资”的争论。第二次是 1985—1988 年间，当时的粮食、棉花生产没能继续保持 1979—1984 年间的那种持续、迅速增长的势头，正处于产量的徘徊阶段。这一次的争论，既有关于“姓社姓资”问题的旧话重提，如出现过“粮食徘徊的实质是道路徘徊”的有影响的观点；也有关于经营方式本身的争论，即关于小规模经营的、分散的农业到底还有无促使粮、棉增产的潜力问题。第三次争论就在 20 世纪 90 年代初，再次引发争论的背景性原因主要是两个，一是自 20 世纪 80 年代末以来，农村经济中出现了一系列新情况、新问题，如农业增产而农民收入增长缓慢等矛盾；二是党中央、国务院原定的耕地承包到户的 15 年的承包期，在一部分地区即将到期，到期后，农业到底应采取何种形式来经营？其中有一种见解，将农村经济出现的新情况和新问题，归咎于农户经营的小规模、分散化和兼业化，因而主张在原定的 15 年承包期期满后，不要再鼓励农业的家庭经营，而应将政策导向的重点，转到实现耕地的“规模经营”上来；但另有一种见解正与此相反，认为在绝大多数地区，农业仍应采用家庭经营的方式，因此主张进一步延长耕地的承包期。

在这几次争论中，可以看到一条贯彻始终的主线，即农

业和农村经济的波动，特别是基本农产品产量的波动，是引发关于家庭联产承包制问题争论的基本原因。经济波动总是难免的，特别是在受自然灾害和市场风险双重影响的农业领域，经济波动更难以避免。因此，依据农产品产量的波动来研究家庭联产承包制是否还应继续实行，不仅是一种过于简单化的推论，而且在逻辑上也陷入了矛盾，因为影响农产品产量和农村经济波动的，可以有多种因素，而家庭联产承包制只是其中的因素之一——农地制度的经营形式这一个环节。因此，将农业波动与家庭联产承包制简单地直接联系起来，作单因子分析，是极易引起认识和政策上的混乱的。

引起农业波动的主要因素，至少有以下几个方面：农产品的价格水平、农产品流通的顺畅与否、财政对农业的支持和补贴水平、农业和农村经济的结构调整状况、农业的科技进步状况、农地制度的适应与否，等等。在一般情况下，许多因素所起的作用都是短期性的影响，如农产品的价格水平，就具有周期性因而也是一种短期影响因素。但在诸多影响因素中，农地制度无疑是一个起长期影响作用的因素，因为农地制度从根本上说是一种关于财产关系的制度，如若因经济波动便对财产关系进行人为的改革，那么，社会是永远也建立不起稳定的经济秩序、人们也永远不会具有长期经济行为的。

之所以会出现农业特别是基本农产品的产量一有波动，就会引出对家庭联产承包制到底还行不行的争论这种现象，关键在于对农地制度评价中的几个关系没有处理好。

1. 以什么作为衡量标准来评价农地制度的问题

即使是简单地以农产品的产量来作为农地制度的评价标准，至少也涉及三方面的概念。一是是否以劳动生产率为核心的劳均产量？二是是否以土地生产率为核心的单位面积产量？

三是是否以农民收入为核心的各类农产品的总产量？概念不一，争论就没有意义。而对土地制度的评价指标，只能从一国的具体国情出发，离开了这一点，争论也就没有意义。例如，以主要农产品的劳动生产率来作为评价指标，显然受一国一地的人地比例关系影响极大。通常情况下，只有耕地在农业生产中并不构成最稀缺的要素时，这一指标才会有重要的经济意义。与此相反的是，当耕地成为农业生产中的最稀缺要素时，以衡量土地生产率为中心的单位面积产量指标，则受到人们的高度重视。之所以有这样的差异，完全是国情不同而造成的。而讲到农产品的总产量指标，情况就更为复杂，究竟是几类农产品的产量还是全部农产品的产量？如引起1985—1988年那次关于“包产到户”潜力是否挖尽、道路是否走偏的争论中，农产品的产量变化是个重要的依据。但如果看一下这一阶段的农产品产量变化，就会看到无论如何也得不出关于“潜力挖尽”的结论来的。

表5-1　主要农产品的总产量变化情况

单位：万吨

年度＼品种	粮食	棉花	油料	猪牛羊肉	水果	水产品
1984	40731	625.8	1191.0	1540.6	984.5	619
1985	37911	414.7	1578.4	1760.7	1163.9	705
1986	39151	354.0	1473.8	1917.1	1347.7	824
1987	40298	424.5	1527.8	1986.0	1667.9	955
1988	39408	414.9	1320.3	2193.6	1666.1	1061
1989	40755	378.8	1295.2	2326.2	1831.9	1152

资料来源：据《中国统计年鉴》（1993），第364、365、367、375、381页数据测算。

如表 5-1 所示，几种主要的农产品产量，在 1984—1988 年间是有增有减的，而其中减的幅度较大的是粮棉，增的幅度较大的则是肉类、水产品和水果。显然，产量的变化本身就是一个复杂的问题，总不能以此而得出结论，说家庭联产承包制在粮食、棉花方面的生产潜力已基本挖尽，而在肉类、水产品和水果方面的生产潜力才刚刚发挥吧。因此，单纯地以一个阶段的农产品产量波动，来作为评价一种农地制度的标准，是不科学的。正确的标准应当是农业的综合生产率的提高程度，以及农地作为生产要素在农民中分布的均衡状况。前者关系到农地要素的使用效率问题，后者关系到农地要素分布的公平性问题。如以这两个指标来衡量，即便是在 1984—1988 年间，也看不出家庭联产承包制对农业生产的发展有什么制度性的制约问题。

2. 农村经济发展与农地制度的关系

我们已经看到，个别农产品产量的波动，不能代表农业的增长状况；同样，单纯的农业增长，也不能代表农村经济的发展。农业增长主要是农业要素生产率综合提高的结果，而农村经济的发展则还包括公平的收入分配、结构的合理性和经济运行规则的有序性等。如果农业的增长与大多数农民没有直接的利益关系，那就会出现所谓“有增长而无发展”的社会经济现象。我们知道，农业增长主要是由农业的技术进步和农业资源配置的合理而推动的。但是，如果地权分布得不均衡、如果农业的贸易条件不利于农民，那么农业增长的好处与大多数农民无关的可能性，就会成为现实。而要避免“有增长而无发展”局面的出现，则一是要保证地权分布的公平性，二是要改善农业的贸易条件。从我国的现实情况来看，由于实行了家庭联产承包制，地权分布的公平状况是有目共睹的，即农地经营的收入差异，不会主要因地权分布的不公而造成。因此，在现行的农地制度下，促进农村经济发展的主要手段，应是大力改善农业的贸易条件，而不是大幅度地变更农地制度。这样说，并不是认为家庭联产承包制的现行农地制度，已是一个尽善尽美的制度了，相反，它确实还存在着大量需要完善的问题，例如，公平分布地权之后如何提高土地的利用效率，就是这个制度需要进一步创新的地方。但正因为农村的发展不仅仅是农业的增长，因此，仅仅考虑农地制度的变迁是远远不够的。而改善农业的贸易条件，当然不能简单地只依靠行政手段来提高农产品的收购价格，更主要的，则是实现农民的充分就业和提高农产品中的科技含量。但解决这类问题，显然已经超出了单纯靠农地制度便可调节的范围，它更需要的是农业外部环境的改善。

3. 家庭联产承包制在农地制度建设中的地位

家庭联产承包制实现了农民家庭对农地经营权分布的公平化，而以前，农地的经营权是只掌握在少数农村干部手中的，从更深的层次来剖析，农地的经营权甚至是由政府的计划来掌握的。从这个意义上看问题，家庭联产承包制是一项将农地的经营权真正还给农民的变革，没有这项变革，将市场调节的机制引入农村，就既无必要也无可能。因此，家庭联产承包制是引发农村经济一系列制度变革的基础。之所以要在这里强调这个问题，是因为人们对家庭联产承包制在农地制度建设中的地位，尚有明显的不同看法。一种看法认为，家庭联产承包制是农地制度建设中的一个极为重要的环节，没有这个环节，农地制度必将回复到过去那种僵化的没有生气和活力的状态中去，因此认为，家庭联产承包制，是农地制度中关于经营方式制度建设的基础。另一种看法则认为，家庭联产承包制，只是为了解决我国农业增长的阶段性矛盾的一种权宜之计，它甚至不能构成农地制度建设的内容，因为依这种看法，中国农地的经营制度，最终还是要回到大规模的统一经营的形式上来，所以家庭联产承包制不能成为一种制度性的因素而长期存在下去。其理由是当前中国农业经济中的诸多矛盾，都源自于农业的经营主体过于分散、农业的经营规模过于细小，而原因则在于让农业的经营回到了家庭。因此，要解决农业的规模经营问题，最终就必须排除家庭经营。而我们在这里需要强调的，则是根据古今中外的所有实践来看，农地的经营规模与是否实行农业的家庭经营并无直接的联系。农地规模问题，只与下述三个因素有关：一是一国一地的农地资源禀赋，即人地比例关系；二是一国一地的城市化水平，即非农业人口比重的上升和农业人口比重的下降；三是农业生产的物质技术装备条件与农业的耕作制度，即作物品种与耕作方式的选择和资本对劳动的替代程度。因此，本来并不存在家庭只能经营多大规模的耕地问题。应该看到的是，如果客观条件不改变，即使取消了家庭经营，将现有的耕地都集中起来实行统一经营，其实根本就未曾解决规模问题，因为衡量农地经营规模合理程度的最主要指标，是劳动生产率和成本收益率，而统一经营本身并不能提高这两个指标。

农户太多，即城市化水平过低，是我国农地经营规模狭小的根本原因。解决规模问题的途径，只能从农村劳动力转移中去寻找，而不在于改变农业的经营形式。从这个意义上讲，家庭经营并不妨碍农地经营规模的扩大，因此，它在农业中取得制度性的稳固地位，是具有必然性的。

5.3 当前我国农村土地制度运行中的主要问题

农业实行家庭联产承包制之后，为改革我国原有的农地制度并逐步建立更具系统性、规范性和有效的农地制度创造了一个良好的基础。但是，仅靠家庭联产承包这个经营方式对农地制度的改革，是不足以完成整个农地制度的建设的，况且，家庭联产承包制在十几年的运行中，也暴露出了它在经营制度方面的不少尚不完善之处。因此，不能满足于家庭联产承包制对土地制度改革所取得的已有成就，应该高度重视现行农地制度运行中存在的突出问题，提出符合国情和发展方向的进一步改革和引导的政策措施，就是当前农地制度建设的重要任务。

一、农地经营制度的不稳定

对于家庭联产承包制中的基础性问题，即农户承包耕地的权利和期限问题，农民怕变，实际上也确实是常常在变，说明现行的农地经营制度的稳定性是不够的。造成这种情况的主要原因，是农民对集体耕地的承包权和承包期，都缺乏明确而具体的法律规范。结果就经常引起对农民土地经营权的侵犯和干预的现象。

农村土地属集体公有，而农民是集体公有土地所有者的组成成员，这就是农民的家庭获得对集体土地承包权的依据，即农民是以所有者的身份来承包集体的耕地、进行家庭经营的。这里讲到的农户承包权的依据，只是对整个农村的地权关系的抽象概括，而具体到每一个农村集体经济组织、每一个农民的家庭，问题马上就变得复杂起来。农户的承包权在两个层次上都是界定不清的。第一个层次即集体组织的范围。农村的集体组织在人民公社时期分为三级，即公社、大队、生产队，而土地是明确属农村的基本核算单位所有的，即绝大多数属生产队所有，少数属大队所有，极少数为公社所有。据 1981 年对人民公社组织情况的统计，全国以公社为基本核算单位的共计 31 个，以大队为核算单位的共计 35745 个，以生产队为核算单位的共计 589.9 万个。大队作核算单位的只占农村基本核算单位总数的 0.602%，生产队作核算单位的要占到总数的 99.39% [1]。因此，从全国的基本情况看，我国农村的土地，绝大多数都是属于生产队一级的集体所有的。但是，1983 年撤销人民公社、实行政企分开之后，各地在乡以下建立村民委员会和村民小组。村民委员会和村民小组虽大体是依原来的大队和生产队为基础而建立起来的农民自治组织，但不少地方也对原有的组织规模和范围作过调整，这就又引起了土地所有权关系在集体组织之间的若干变化。农村改社为乡之后，所有关于农地所有权问题的法规和政策，也都没有明确过土地究竟是属村民小组还是村民委员会，或是与此两层自治组织相联系的农村集体经济组织。结果在实践中造成了各地自行其是的结果。据农业部 1987 年对全国 1200 个行政村（即村民委员会）的调查，实行土地归行政村所有的占 34%，实行土地归村民小组所有的占 65%，实行土地归自然村或联队所有的占 1% [2]。显然，这个土地所有权关系结构，与 1981 年农村人民公社基本核算单位的结构相比较，已经发生了很大的变化。其中一个突出的现象，

[1] 国家统计局编：《中国统计年鉴》（1981），中国统计出版社1981年版，第132页。

[2] 何道峰著：《中国农村土地制度改革》，载《经济工作者学习资料》，1993年第18期。

就是土地所有权归村民委员会（即生产大队）的比重明显提高了，这也就意味着有相当一批原来的生产队，失去了原有的土地所有权。农村的土地，在各集体组织之间，从人均所有、土地肥力到地理位置等各个方面，都是有差异的，这些因素也是形成各集体组织之间经济收入差异的原因之一。而变动土地所有权，尤其是土地所有权的“升级”（即改原来的生产队所有为大队所有，也就是变村民小组所有为村民委员会所有），其经济实质就是拉平各土地所有权单位之间在人均所有、土地肥力和地理位置等方面的差异，使绝对地租和第一形态的级差地租，在更大的范围内“集体共享”。这种现象，实际上是地方政府和行政组织对地权干预的结果，它必然损害原来人均土地较多、土地肥力和位置都较好的集体组织的利益。尤其是在推行土地规模经营的过程中，一些地方政府和行政组织，更是从未考虑过土地的所有权关系对“规模经营”问题的影响。为了实现“规模经营”，轻易否定土地原有的所有权关系的现象，绝不是个别的。这说明，所谓土地的“集体所有权”，仍然缺乏有效的法律保障，行政行为对集体土地所有权的干预和侵犯，至今仍是大量存在的。

第二个层次是同一集体经济组织内，对享有土地承包权的人员界定不清。在一个村民小组或一个村民委员会之内，究竟组织内的什么人享有土地的承包权，现有的法规和政策也没有明确的规定。因此，关于农民的土地承包权，也是各地自行其是。据对全国 253 个行政村的抽样调查，有 19.2％的村规定，土地承包后，无论组织内部的人口有什么新的变化，都不对农户的承包土地作调整；48.8％的村规定，已承包的土地，需根据村内人口的变动情况进行必要的调整；另有 32％的村对人口变动与承包地调整与否的关系，未作明确规定。但实际情况是，超过 70％的村已因人口的变动而调整过农户的承包地，8%~9％的村已对农户的承包地作过 3 次以上的调整[1]。承包耕地的频繁调整，既与农村集体组织成员的定义不清有关，如婴儿的出生与外来人口的迁入，是否直接具有集体组织成员的资格，就从未有过统一的法规规定，也与现阶段相当多数的农村地区以土地作为社会保障手段有关。但无论是什么原因，对承包耕地的不断调整，毕竟是造成土地经营规模日益细碎化和农户对土地承包权预期不稳的重要原因。

正是由农村土地在所有权和承包权这两方面的界定不清，才使农户的经营权乃至整个农地的经营制度，都仍处于不稳定的状态。这不仅影响农民对土地的长期投资，也抑制了土地制度在经营方式取得突破后的进一步深化改革和配套、完善。

二、农地经营使用权流转制度的不健全

尽管中共中央于 1984 年年初发出《关于一九八四年农村工作的通知》时，就已提出农户在承包期内，因无力耕种或转营他业而要求不包或少包土地的，可以在自愿的原则下对承包地实行有偿的转包；而 1988 年春人民代表大会通过的《中华人民共和国宪法修正案》也已经增加了关于土地使用权可以依法转让的条款，但总的来说，农地经营使用权的流转制度并没有建立健全起来。应该说，由于我国人地关系比较紧张，而阻碍农村劳动力转移和流动的制度性因素又并未消除，因此近中期内，农地经营使用权发生大规模转移的可能性并不大。但随着乡镇企业的进一步发展和城镇化水平的提高，耕地经营使用

[1] 何道峰著：《中国农村土地制度改革》，载《经济工作者学习资料》，1993年第18期。

权转移的可能性必然会逐步增加，而为提高耕地的使用效率，避免耕地撂荒、粗放经营等现象的发生，在农户大量兼业，甚至出现非农业收入超过农业收入时，促进农地经营使用权的流动，也具有极强的必要性。因此，必须尽快建立和健全农地经营使用权流转的有关制度。

目前农地经营使用权流转率低，除了农村劳动没有较多转移的条件等客观原因之外，采用行政手段来调整农户的承包耕地，也是一个重要的原因。用行政手段来调整土地，主要有三种方式。第一种是因社区内人口变化而引起的，在人口变化的情况积累到一定程度后，就对原有的承包耕地进行一次调整。将人口减少的农户的承包地减少一部分，给人口增加的农户增加若干农地，以求得户际人均承包耕地面积的大体均等。第二种是为实现耕地的规模经营而引起的。这种行政性土地调整，或是宣布集体收回农户除口粮田以外的其余承包地，由集体组织统一采取招标承包，以使口粮田以外的耕地经营能保持相对较大的规模；或是规定农户不允许自由转让承包耕地的经营使用权，如要减少自己经营的承包地，就只能交回集体组织，由集体组织来组织规模经营。第三种是为了达到介乎上述两者之间的目的，既要解决因人口变动而引起的户际承包地占有不均的问题，又要适当地保持或扩大耕地的经营规模，即采取“动账不动地”的行政性调整办法。所谓“动账不动地”，即是当农户家庭人口减少时，也不减少他的承包耕地，但要相应地增加该农户所承担的政府对农产品的征购任务，以及对集体所缴纳的提留；而当农户家庭人口增加时，也不对他增加承包耕地，只是相应地减少他所承担的征购任务和上缴的提留数额。这样，户际实际耕作的土地并不因人口的变化而变化，变化的只是户际的实际税负和经济负担。

比较这三种对农地承包经营权的行政性调整方法，前两种实际上就等于是抑制了耕地经营使用权的自由流转，而第三种客观上还为自由流转留下了余地，因为不管户际的实际税负和经济负担如何变化，它是可以随耕地的经营使用权一起流动的。

从有关政策和法律的规定来看，对农户承包土地的经营使用权，是采取允许和鼓励自愿条件下的有偿流动的。但是，允许和鼓励土地经营使用权的自愿、有偿流动，必须有一个前提条件，那就是在承包期内，耕地的承包权必须稳定。要是户与户之间的人均承包地刚有所差异，就采用行政性办法去调整户际的承包地，或是有愿意转出承包地者，而不许自由转让，只能交回集体组织，那怎么可能出现自愿、有偿转让的机制呢?

耕地的经营使用权要随着农村经济的发展而适当地集中，这一点似乎没有人不赞成。但经营使用权的流动和集中，究竟应遵循什么机制，这是在政策制定和实际工作中更为重要的一个问题。自愿原则下的有偿转让机制，实际就是市场机制；而行政性调整的办法，实际就是计划指令。两者的机制不同，结果也将不同，用行政性办法来实现耕地经营权的集中，不仅不能培育起有效的经营使用权流动和集中的制度，更主要的，是容易走上不按市场规律来配置资源的老路，那就很难真正使农业走上优质、高产、高效的新路。

三、地租、地税制度的混乱

由于实行主要农产品的统派购制度，我国的农地税制长期模糊不清。地税实际上包括“明税”和“暗税”两部分。“明税”是政府依土地级差按常年产量制定的农业税。它以“公粮”等形式由农业生产单位或农民直接交给政府。我国的农业实行的是级差比例税，20世纪50年代初期的税率约占农地产出的12%~15%，以后比例逐步下降。到了20世纪70年代，实际转成了定额税制。因单位面积产量的不断提高，税额没有上调，因此实际税率到20世纪80年代已降至3%~4%。“暗税”是指通过低价统、派购收购走的农产品中实际所含的税收。由于统、派购农产品的范围广、数量大，因此“暗税”的数额实际上是相当大的，据测算，到1988年为止，“暗税”的数额，差不多是“明税”的2倍[1]。但随着农村经济体制改革的发展，农业的明、暗税情况都发生了一些重大的变化。在明税方面，自1985年后，由于越来越多的农产品被允许放开经营，相比之下，承担明税的粮食等作物的生产，税负就相对显重，造成了不同作物生产之间的税负不公。在暗税方面，由于有许多农产品以前实行的是政府收购部门代农民缴税，所以压低农产品收购价格的好处是归政府的。但大部分农产品放开购销、实行多渠道经营之后，政府商业部门的收购比重大幅度下降，原有的一部分暗税实际上不存在了（这里不是指工农业产品的剪刀差，而是特指政府低价统购、派购的农产品的牌市价差）。政府相应地放开了绝大部分农业生产资料的价格，使暗税这种本来是农民与政府间的经济关系，变成了农民与工商企业间的经济关系。由于农业生产资料价格上涨幅度很大，虽然一部分农产品通过放开价格后增加的收益可以抵消一部分，但对于仍有政府收购任务的粮、棉等的生产，则无异于加大了成本，减少了收益。这就进一步加剧了不同作物间实际税负的不公。

[1] 陈锡文著：《农村经济发展的关键是正确对待农民》，《发展研究》，北京师范大学出版社1990年版。

更为混乱的是农民向集体组织所缴纳的所谓“村提留”和“乡统筹”款项。就经济实质而言，“村提留”款由三部分组成，一是地租，二是生产的共同费用，三是公积金和公益金。但地租的概念一直没有使用，因此，名义上，“村提留”只包括后两项。“乡统筹”实际上是基层政府的附加税，用于教育、卫生、计划生育和民兵训练等行政和事业性开支。但同样，附加税的概念也一直没有使用。村集体经济组织是农村土地的所有者，乡政府是我国政府权力机关序列中的最基层单位。因此，本来“地主”收租、政府收税，这都是名正言顺的事，但由于理论和观念上的原因，偏是不叫“租”“税”而叫“提留”和“统筹”，结果造成了收款的依据、比例的不清。如前所述，农民确实是应该向村集体和乡政府交款的，而问题在于离开了租、税这两个概念，所交之款的性质就不明确，数量也就难以确定。正因为这个原因，乡、村都可以根据开支的需要来向农民收款，而不受什么预算的约束，致使农民的实际经济负担不断加重，严重挫伤了农民的生产积极性。

我国的农业税制度，是在计划经济、农产品统购统销的背景下形成的。如今，市场调节在农村经济中的作用范围已占了主导地位，原来农地的税制已明显的不适应。目前这种名义上的“轻税、无租”，使得按正常途径收取的地税，根本不足以满足基层政府在农村的行政、事业费用开支，于是就提倡“人民事业人民办”，实际是鼓励了不规范、无程序地随便给农民增加经济负担。因此，改革土地的租税制度，不仅是完善我国农地制度的重要内容之一，而且也是整顿农村经济秩序的迫切要求。

5.4　我国农村土地制度建设的展望

15年的农村改革，已经为我国农村的土地制度建设开创了一个良好的起点。尽管当前在农地制度中还存在着大量的问题，但只要目标明确，顺应规律，农地制度的建设就一定能够逐步地完善起来。我国农地制度建设的目标，可以概括为四句话来表述：稳定的土地所有权制度，有效的农地经营制度，有秩序的农地经营使用权流转制度，规范的农地租税制度。

一、建立稳定的农村集体所有权制度

正如本章在开始时所论述的那样，土地的使用效率，实际上与土地的终极所有权并无明显的直接联系，重要的是任何所有制下的农地，都必须找到有效的农地经营形式，并处理好土地所有者与经营者之间的经济利益关系。

“土地是财富之母”，土地制度通常都是一个社会财产制度的基础。正因为如此，土地所有权制度的稳定，对整个社会经济秩序的稳定就具有特别重要的作用。轻易地改变土地的所有制关系，可能引发的经济生活中的连锁反应和人们心理的震荡都将是巨大的。因此，不到迫不得已时，政治家一般都不会选择以变更土地的所有权来作为促进经济发展的手段。而事实上，通过土地制度中其他环节的变革，也完全可以起到弥补土地所有制本身的缺陷和不足的作用。因此，我们认为，我国农地的集体公有的所有权制度，应当长期稳定并不断得到完善。

目前，在农地所有权制度上，主张实行私有制和国有制的观点都是存在的。主张土地私有观点的主要理由，是鼓励农民珍惜土地，增加对土地的长期投资，并为土地市场的建设奠定

清晰的产权关系的基础。但针对我国农地资源相对严重稀缺的国情，土地实行私有制之后，必然会引出的几个严重后果，是必须认真考虑的。一是地租进入农民收入。土地私有制在经济上可能对农民产生激励的地方，就是保障了农民获得自有土地的地租。因为地权的实质是地租，如果农民得不到地租，地权的变更就无经济意义。但地租转化为农民收入，实际上就是提高农业生产成本、提高农产品销售价格。我国农地稀缺，实行土地私有之后，垄断地租必然极高，由此带来的农产品价格的大幅度上涨，其他经济部门和消费者能否承受，显然是不能不考虑的。二是小块土地私有制，究竟是有利于土地流动，还是会妨碍土地流动？根据国际经验，小块土地私有制通常都是人地比例关系紧张的产物，在这种大背景下，拥有地产，一般都是财富增值的最便捷手段，因此，不到迫不得已，或是不支付高昂的价格，地产主是绝不会轻言出售自己的土地的。三是小块土地的私有制，在运行过程中将无法避免农户的分化和部分农户的破产，即便是只有1%的农户因破产而失去土地，就全国农村来说，失业者也将达数百万之巨，这将演化出极为严重的经济和社会问题。因此，我们认为土地私有化的方案应当被排除。

主张土地国有观点的主要理由，是强化对农地的行政管理，包括利用行政手段来分配土地的经营权，以促进土地的规模经营。但且不说变农村土地的集体所有制为国有制将会对农民产生什么样的震撼，仅就土地的管理而言，政府就无法直接面对千家万户去分配、调整土地的经营权。政府直接管理的成本将极为高昂，但如委托现有的集体组织代为管理，那又有什么理由可以相信，当集体组织作为土地的所有者时，它管理不好土地；而被剥夺了所有权之后，反倒具备了管好土地的能力了呢？因而，在当前情况下，实行农地的国有制，在政治上和经济上都将是得不偿失的。

我们主张进一步稳定和完善农地的集体所有制。有的同志认为，实行家庭联产承包责任制后，集体的土地所有权出现了模糊化和虚置现象。其实这种看法并不符合实际。因为集体土地所有权虚置的现象，并不是实行了家庭联产承包制之后才有的现象，而是始于农产品的统购制度。实行了农产品的统派购制度之后，集体组织实际上就并未再真正行使过土地所有者的权力。而实行家庭联产承包制之后，在一部分地区，确实出现了集体对土地的管理权弱化的现象，而它是由于土地承包中的经济利益关系不清而造成的。因此，对集体土地所有权的完善，主要应从明确经济利益和加强对土地的管理这两个方面入手。明确经济利益，就是要把目前农户承包土地缴纳概念模糊不清的“提留”的做法，逐步规范化为缴纳地租，实行按地定级、按级缴纳地租的制度，以从经济上实现集体的土地所有权。只有在经济上实现了集体的土地所有权，集体组织才会有管理好土地的动力。否则，承包地上的农产品又不是集体组织要收购，土地利用率的高低，也就与集体组织并无多大关系，管理土地的动力从何而来？以规范化的地租取代不规范的“提留”，是理顺农户与集体组织间经济利益关系的关键，集体的地租收入，一部分用于对土地的管理，另一部分用于积累集体的公共资产，主要用作兴办为农民提供生产、技术服务的经济实体。这样，既有利于消除“提留”中的混乱现象，也有利于集体管理好自己的土地和增强集体经济的实力。

二、建立有效的农地经营制度

农地的经营方式是否有效，关键是看要素综合生产率的高低。在经营组织内部，一是必须尽可能地降低对生产的管理和对劳动的监督成本，二是必须对农业劳动者实行直接、明了的激励，三是必须考虑农业中生产时间与劳动时间不一致的特点，以及我国农村劳动力数量过多、就业不够充分的实际，尽可能地使农民能依托土地而充分地利用剩余劳动力和剩余劳动时间。我们已经作过分析，以家庭经营农业是实现上述三个要求的最佳组织方式。因此，在农业中，家庭经营必须长期稳定，使其成为农地经营制度中的核心环节。

有些同志总是认为家庭经营和规模经营是一对尖锐的矛盾，似乎实行家庭经营就会损失规模效益。其实这是误解，是把两个不同范畴的概念拉在一起硬作比较。家庭经营是讲农业经营活动的组织形式，它不涉及规模问题，即家庭经营的土地规模完全取决于客观的条件和可能，而不在于家庭的主观愿望；规模经营，指的是经营组织所占用的耕地面积的规模，它完全是一个相对的概念，经营组织能否扩大所占用耕地的面积，也取决于客观的条件和可能，而不在于它的主观愿望。把家庭经营与经营规模对立起来，于逻辑也不通。

经营规模的经济决定，是要素配置的均衡。这就像土壤肥力学中的氮、磷、钾三要素的均衡一样，单独地增加哪一种肥力要素，不仅对作物的生长无益，反而有害。著名的“杜布切克桶”假说，证明了土壤肥力学中最小养分率的存在：一个木桶能装多少水，不取决于围成这个桶的最高那块板的高度，而取决于最低那块板的高度，水平面超过最低那块板的高度后，再加多少水也盛不住，这与做这个桶时用了多少块再高的板也无关。同样的原理也完全可用于经营学，构成经营活动的生产要素的投放也必须均衡，使每一生产要素都能达到它的最高生产率，我们就说要素投放的规模是适宜的。

在我国农业中，劳动力过多是一个众所周知的事实。因此，扩大经营的土地规模的前提，是农业劳动力的转移和农户数量的减少。没有这个条件，谈扩大经营单位的土地占用规模，就等于剥夺另一些经营单位存在的权利，而实际上，这样也不可能提高要素的综合生产率。我国农民对经营规模的理想，是“30 亩地一头牛”，而现实的平均耕地经营规模，每户只及上述水平的 1/4 左右。可见不是农户不愿扩大耕地规模，而是没有条件扩大耕地规模。目前农户的耕地经营规模确实过小，因此不利于发挥出其他生产要素（如劳动力、机械等）的生产率。我们的目标也确实是应当逐步地扩大农地的经营规模，但这是一件功夫在外的事，即先要创造出农业劳动力转移和农户数量减少的条件，然后才能促进耕地经营使用权的流动和集中，以扩大经营单位的耕地经营规模。

应当强调的是，即使经营规模扩大了，与家庭经营也并不矛盾，这一点已为国内外的许多事实所证明。但在我国目前的情况下，通过大规模转移农村人口来扩大农业经营单位的耕地占用规模，毕竟是不现实的。因此，更应强调的，倒是通过强化对农户提供公共服务的方式，来扩大农户经营的外部规模。如有组织地统一为农户提供机耕、排灌、植保等方面的服务，就扩大了这些专用机械和人员的经营规模，而对农户则同样起到了运用先进技术装备、降低生产成本、提高经济效益的效果。但是，为农户提供各种生产技术服务，目标必须非常明确，即这样做是为了使家庭经营能提高效率，而绝不是为了有朝一日可以取代家庭经营。否则，农业的经营制度就又可能发生大的波折，从而引起农民心理和农村社会的混乱。

三、建立有秩序的土地经营使用权的流转制度

目前我国农地经营使用权的流转率很低，这主要是因为农村劳动力大部分仍以土地为基本的就业场所所致。但是土地经营使用权的流转制度不健全，也是导致流转率低的一个重要原因，在东南沿海经济发达地区的农村和大中城市的郊区，就更是如此。

建立有秩序的土地经营使用权的流转制度，必须考虑以下四个因素：

（1）保证农地的有效使用。对于已有其他就业机会和收入来源的农户来说，经营农业的比较利益正在逐步降低，一部分地区出现了农户撂荒土地或粗放经营的现象，这对于耕地资源不足的我国来说，是一种极大的资源浪费。因此，土地经营使用权流转制度的建设，要有利于抑制这种现象的发生。在这里，行政性的措施是必要的，如规定土地撂荒多长时间或肥力下降到什么程度，集体组织可收回耕地的经营权并按经济办法重新安排。

（2）土地经营使用权流动时对转出户的经济补偿问题。之所以要给转出户以一定的经济补偿，依据在于两点：一是原承包户在经营土地时，对土壤的改良付出了劳动，这部分劳动凝聚在耕地中，部分地将转为土地转入户的收益；二是原承包户在转让土地时，等于也转出了一种就业机会和社会保障，而他自己则因此要承担一定的风险，对此，也应给予必要的经济补偿。如果土地的经营权转让，完全采取无偿的方式，对于原承包户来说，转出土地使用权无任何好处，不转亦没有坏处，却多了一份社会保障，那么使用权的流转率必然会大大降低。

（3）土地使用权转出之后的社会保障问题。家庭承包集体的耕地，除了获得一份农业生产资料之外，还得到了一份社会保障。而转出承包土地的经营使用权，客观上也等于转出了生产资料与社会保障。因此，必须通过经济的发展，使农民逐步获得可以替代土地作为社会保障的别的手段，土地使用权的流转才能降低风险。这一般可以通过三个途径来解决：一是进一步发展耕地以外的其他产业，为农民提供更广阔的就业空间和更多样化的收入来源，其中包括农村发展乡镇企业，以及允许农民进入小城镇去办厂开店、务工经商，并在小城镇安居乐业；二是根据经济发展的水平和农民自愿的原则，逐步发展农村的保险事业，鼓励农民为自己建立新的社会保险机制；三是规范土地经营权转出户、转入户之间的契约关系，保证转出户、转入户之间自愿协商形成的条件能得到落实。

（4）创造土地经营使用权流转的前提条件。这就是要努力保障在承包期内农户对承包土地经营使用权的稳定性，尽可能不采用行政手段去调整承包农户之间的土地经营使用权。要尽可能提倡在土地的承包期内，实行“增人不增地、减人不减地”的办法。这样就切断了人口变动和土地调整之间的联系，使农户获得了一个共同的发展起点，以自己的努力去扩大就业空间，以相互间的协商去解决土地经营使用权的让渡问题。而村的集体组织则不再将土地作为农村新增人口的就业和社会保障。其实，由于人多地少，人口不断增加，靠行政性地调整户际的承包地，一是使农民缺乏稳定感；二是等于在不断地分割细化现有的耕地经营规模；三是“增人就增地”，等于是鼓励人口增长，而实际上最终也包不下来。因此，对于户际承包土地的公平性问题，只能在承包的初始阶段一次性地解决，而不能作为一个标准保持在人口变动的全过程中。否则，土地只有发生不断被分割细化的趋势，而不可能出现流动、集中的趋势。

四、建立规范的地租地税制度

地租地税的制度建设，必须有针对性地解决目前存在的租税混乱的问题。这主要有三个要点：

1. 公平农地税负

随着越来越多的农产品放开价格、自由经营，目前这种农业税主要压在粮食生产上的做法，必须尽快改变。税收，本来是政府用以调节资源配置的一个重要经济杠杆，但现行的农业税制却明显地不利于我们迫切希望加强的粮食生产，这将导致更多的土地资源流向林果业、养殖业等方面。因此，要尽快改变农业税制，使其逐步转化为农地税，凡投入经营的农地，都应当根据收益的级差来缴纳农地税，以公平税负，创造有利于基本农产品生产的经济环境。

2. 完善乡级政府的财政制度

乡政府作为一级政权机关，必须建立并完善自身的财政制度，其收入应当主要来源于税收，其支出必须有严格的预算约束，并要量入为出，而不能量出为入。资产属于乡政府的一些乡镇企业，要进一步完善承包经营制度，并逐步转向利税分流，明确与乡政府的经济关系。对于农业，乡政府既可以在乡人民代表大会和县人民代表大会批准后，按一定的比例实行乡附加税制度，也可由县财政对其实行税收返还和转移支付的制度。重要的是必须使乡（镇）政府的收入规范化、制度化，明确“有多少钱办多少事”，并由乡人民代表大会审批乡镇政府的预、决算方案。这样，有利于乡镇政府把主要精力转向培育税源，促使当地经济的发展。

3. 明确“提留”性质、规范“提留”内容

应当明确，村组织对农户收取的“提留”属“租”的性质，即使用集体的耕地和其他固定生产资料的租金。这样，一是明确了凡承包集体耕地（包括水面、山林等）的农户，都应根据耕地的数量和质量缴纳租金；二是明确了凡未使用集体资源、要素的其他经营活动，除缴纳必要的社区管理和公益事业的费用外，并不向集体缴纳租金。这样，对于村集体组织而言，凡发包资产，就要收取租金，也只有发包资产，才能收取租金，从而使“提留”建立在规范的资产收入的基础之上。而至于集体组织向农户提供的各种服务，则是谁接受服务谁就付钱，不能搞平均主义的摊派，变成“服务就是收费”，引起农民的反感。“提留”的开支范围也必须有明确的规定，应主要用于积累公共资产，发展文化、教育、卫生等社会公益事业，管理费用和干部的报酬补贴应被控制在一定的比例以下，使农民真正感到缴纳“提留”是为自己、为大家办实事，这样才能处理好干部和群众之间的关系，增强集体经济的实力和凝聚力。

6. 农村财产制度建设

这里讲的财产，是指在投入经营后可以引起增值的各种形态的生产性固定资产，不包括农民的生活性固定资产。在单纯的农业社会中，最主要的财产就是土地。关于土地的制度建设问题，已在上一章中作了分析。因此，这里讲的财产制度建设，指的只是农村中除土地以外的财产的制度建设。提出这个问题之所以具有必要性，一是因为随着农村经济的发展和产业结构的变化，农村中除土地以外的财产正在迅速增长；二是因为实行了家庭联产承包制之后，农村已经打破了单一的财产集体公有的制度，其他所有制性质的财产也正在迅速增长。农村的财产，在数量上的激增，以及在所有制性质上的复杂化，提出了研究农村财产关系、完善农村财产制度建设的客观必要性。

6.1 集体经济下农村财产关系的分析

众所周知，在集体经济下，农村生产性的资产均是属集体公有的。它是如何形成、如何运转、如何积累的？对这一问题的分析，将有助于我们完善当前农村的财产制度的建设。

一、集体财产的形成

农村的集体财产，最初是从建立初级农业生产合作社时开始形成的（在此之前，也有少量长年互助组积累了数量有限的公有财产）。初级社的最初财产，主要来自两个方面。第一个来源是入社农民在入社时交给合作社的财产，这主要包括土地和其他主要的生产资料。土地是无代价地交给合作社的，但合作社按照社员入社土地的数量和质量，从每年的收入中付给社员以适当的报酬，即“土地分红”。但于 1956 年即普及了土地公有制的高级社，因此“土地分红”的办法并没有实行多长时间就取消了。其他的主要生产资料，如耕畜、大型农机具和运输工具、大型副业工具和副业设备等，在社员入社初期，一般都保留其私有性质，由合作社向社员出价租用；在合作社有了一定的经济实力时，再按分期付款的方式，向社员折价买下这些耕畜和生产资料。集体财产的第二个来源，就是入社社员所缴纳的股份基金。入社的股份基金也分两部分，一部分是用于合作社开展生产经营活动的生产费用股份基金，即简单再生产所需的流动资金；另一部分是公有化股份基金，主要交由合作社购买耕畜、农具等。向合作社出售自有耕畜、农具的社员，应付给他的价款可以折抵为他向合作社缴纳的公有化股份基金。社员缴纳给合作社的股份基金，记在各人名下，不计利息，只有在社员退社时才能抽回。这样，初级社在建立时，就有了最初的公有财产。

到建立高级社时，土地全部转为集体公有，并取消了土地报酬。耕畜、大型农具等生产资料也全部转为公有，一般都实行折价后分 3~5 年分期付给本主的办法。高级社为了筹集生产费用和收买社员私有的生产资料，向社员征集股金；股金由全社的劳动力分摊。社员向高级社交了生产资料的，其折价款可以折抵应缴纳的股金，不足部分由社员分期向合作社补足；多余部分由合作社分期还给社员。股份基金记在各人名下，不计利息，除非退社，不能抽回。除此之外，合作社也可动员社员向合作社投资；社员的投资由合作社偿还本息。到 1957 年年底，全国农业集体经济组织拥有固定生产资料共计 155 亿元[1]。这部分资产主要来自于社员转给集体的耕畜和农具，以及用社员入社的股金购买的生产资料。

1958 年实行人民公社，一般都实行一乡一社，因此，一个乡内的若干个原高级社被合并在一起。在并社时的财产处理问题上，1958 年 8 月 29 日通过的《中共中央关于在农村建立人民公社问题的决议》要求：自留地、股份基金等问题不必急于处理，自留地可能在并社中变为集体经营。零星果树暂时仍归私有[2]。1958 年 9 月 1 日《红旗》杂志第 7 期发表《河南遂平县嵖岈山卫星人民公社试行简章》，关于并社时各农业社的财产问题明确指出：各个农业社并入公社以后，要将一切公有财产交给公社，多者不退，少者不补；并社后，确定生产大队是管理生产的单位，盈亏由公社统一负责。而各地在建立人民公社初期，基本都是以这一办法来处理原各高级社之间的财产关系的。因此，人民公社初期的公有财产，实际上都是由高级农业生产合作社转过来的。由于大部分地方高级社才成立不过一两年，就马上转入了人民公社，实际上，原来社员入社的生产资料折价款，有不少尚未还完，而社员的股份基金也都算公有财产转给了人民公社。因此，从严格的意义上讲，人民公社初期的集体公有财产，实际都是由农民缴纳的股份基金转化而

[1] 农业部政研室编：《中国农村经济概要》，农业出版社1982年版，第118页。

[2] 马齐彬等编：《中国共产党执政40年》（修订本），中共中央党史出版社1991年版。

来的。只是社员的股金，既不计息也不分红，虽然初级社和高级社时都规定，退社社员可以抽回入社股金，但一到人民公社之后，谁也退不了社，因此，关于最初形成农村集体公有财产的农民股份基金，实际上就再也没有提起，就变成了集体公有了。

二、集体财产的运行和积累

刚建立人民公社时，农村中普遍有一种误解，认为成立公社后，就是公社一级核算，因此，农村所有的生产资料也都属公社所有，由此刮起了一股“共产风”“平调风”。到 1959 年 2—3 月间，中共中央在郑州召开政治局扩大会议时，毛泽东对公社内部的财产关系和分配制度等问题作了重要讲话，他说，目前我们跟农民的关系存在着一种相当紧张的状态，“一平、二调、三收款”，引起广大农民的很大恐慌，这是我们目前跟农民关系中的一个最根本的问题。问题的实质在于我们在生产关系的改进方面，即是说，在公社所有制问题方面，前进得过远了一点。六中全会通过的《中国共产党中央委员会关于建国以来党的若干历史问题的决议》写明了由集体所有制到全民所有制和由社会主义过渡到共产主义所必须经过的发展阶段，但没有写明公社内部由小集体所有制过渡到大集体公有制，也需要一个发展过程。这是一个缺点，这样就把公社、生产大队、生产队三级所有制之间的区别模糊了，实际上否定了生产队的所有制，引起了广大农民的坚决抵抗。毛泽东还讲，公社在 1958 年秋季成立以后，刮起了一阵“共产风”。主要内容有三条：一是穷富拉平；二是积累太多，义务劳动太多；三是“共”各种“产”。在某种范围内实际上造成了一部分人无偿占有别人劳动成果的情况。毛泽东强调要检查和纠正否认生产队所有制和权力过分集中的倾向；要检查和纠正否认生产队之间和社员之间差别的平均主义倾向；要反对剥夺农民。并提出：公社应当实行权力下放，三级管理，二级核算，并且以队核算为基础，在社与队、队与队之间要实行等价交换。郑州会议起草了《关于人民公社管理体制的若干规定（草案）》，明确了公社、管理区（大队）、生产队三级各自的职权范围，规定：规模相当于原高级农业社的管理区或生产大队，为人民公社的基本核算单位[1]。这样，农村集体的公有财产，基本都以生产大队为单位所有。

但农业生产实际又是在生产小队一级组织进行的，因此，又采取了将所有权属生产大队的财产，固定给生产小队使用的方式投入运行。在1962年2月13日中共中央发出《关于改变农村人民公社基本核算单位的指示》之前，人民公社内部的三级关系，是以1959年4月中共中央八届七中全会纪要的规定来划分的，即人民公社的三级管理、三级核算，一般是以相当于原来高级社的单位为基本核算单位，生产小队只是基本核算单位下面的包产单位，但也应有部分的所有制和管理权限[2]。这里讲的生产小队的部分的所有制，主要是讲作为包产单位的生产小队，在获得超产奖励后，可以用超产奖励添置属小队所有的生产资料。1959年12月25日，浙、皖、苏、沪四省市在上海座谈讨论从大队所有制向公社所有制过渡问题[3]。当时，四省市农村属小队所有的财产约占10%，属大队所有的财产

❶ 马齐彬等编：《中国共产党执政40年》（修订本），中共中央党史出版社1991年版，第160—161页。

❷ 同上书，第162页。

❸ 同上书，第175页。

约占 65%~75%，属公社所有的财产约占 10%~20%。可见，当时农村集体财产基本是属大队所有，但财产的运用则基本是在小队，小队作为大队的包产单位，由大队将一部分属大队所有的财产固定给小队使用。这样，生产小队实际上就运用着占 75%~85% 的农村集体财产。但由于大队是农村的基本核算单位，因此，农村集体资产的积累功能，基本上还是由大队承担的。

1962 年年初，中央发出改变人民公社基本核算单位的通知后，农村集体经济组织中的生产小队（以后统称为生产队）成为基本核算单位。生产大队将原来固定给生产队使用的农具、耕畜等生产资料，划归生产队所有；一部分原属生产大队的企业，也下放给生产队经营，并将所有权也划归生产队。与此同时，原属大队所有的林地、水面、畜群，以及集体组织的债权债务等，都作了一定的划分。这是一次对农村集体财产所有权的大调整，它大大地充实了属于生产队的财产，而相应地削减了属于大队的财产。在此之后，凡与农业经营有关的财产，大多都属生产队所有，而公社和大队，则主要经营社队企业。由于生产队已成为农村中的基本核算单位，因此农村集体资产的积累职能，也基本转到了生产队的身上（公社和大队主要由社队企业负责这两级所有的公有资产的积累）。

实行以生产队为农村基本核算单位的“三级所有、队为基础”的农村经济体制之后，农村的集体资产，属生产队所有的约占总数的 75%，属公社和大队所有的约占 25%。以后由于乡镇企业发展较快，因此，公社和大队的资产增长速度较快。到 1978 年，公社三级所有的 849 亿元固定资产总额中，属公社一级所有的约占 16.8%，属大队一级所有的占 27.6%，属生产队一级的占 55.7% [1]。

6.2 从经营制度改革到财产关系的变革

农村经济体制改革的初衷和突破口，都是农业的经营体制，即将高度集中的农业统一经营的体制，改为让农民有充分自主权的经营体制。这场改革之所以能在 20 世纪 70 年代末的背景下迅速启动并在短短的几年时间内，便基本完成了农业经营体制的转换，关键的原因，是当时提出的只是改革农业的经营体制，而并没想也不想去涉及农村的财产关系问题。但现在我们所看到的农村经济所发生的变化，却不单是单纯的农业经营体制方面的变化，而同时也包含着农村财产关系的深刻变化。

众所周知，在农村改革之前，经过高级社和人民公社近 23 年的运行，农村的土地和其他生产性的固定资产，都早已属于集体公有，农民的家庭只拥有一些类似镰刀、锄头之类的低值易耗的手工工具，整个农村，在生产资料方面已经是非常“干净”的单一的集体公有制。但是，经过 15 年的改革，原来在生产资料方面几乎已是“干净”得一无所有的农民家庭，现在又重新拥有了数额相当可观的自有的生产性固定资产。据国家统计局农村抽样调查队对全国 6.7 万多个农民家庭的调查，1984 年，平均每个农民家庭已拥有自有的生产性固定资产 579.95 元，按此推算，该年全国农民家庭自有的生产性固定资产总

[1] 农业部合作指导司等编：《农村合作经济组织及农业生产条件发展情况资料》，第172页。

额，当在1090亿元左右❶。到1992年年底，平均每个农民家庭已拥有生产性固定资产1643.95元，即全国农民家庭自有的生产性固定资产总额，已超过3756亿元❷。从1985年到1992年的8年时间中，每个农民家庭平均拥有的生产性固定资产增长了183.5%，平均每年增长13.9%；整个农村中属于农民自有的生产性固定资产总额则增长了244.9%，平均每年增长16.7%。显然，属于农民家庭自有的生产性固定资产，无论是其总量，还是它的增长速度，都是相当惊人的。也不难想象，在改革的这十几年中，正是由于农村增长了这样一大块属于农民自己的生产性固定资产，才极大地促进了农村生产力的发展和农村经济的兴旺。

农民的生产性固定资产的增长，当然也就是农村的生产性固定资产的增长，因此，它对于促进农村生产力水平的提高，无疑具有极为积极的作用。但是，农民的自有财产到底是如何生长出来的？为什么农业经营体制的改革，结果也会打破单一的生产资料公有制的格局，并引起了农村财产关系的深刻变化呢？关键的原因，在于我们通常所讲的农业的“家庭联产承包责任制”，实际上包含着两种具体的形式，一种是“包产到户”，另一种是“包干到户”，这两种形式虽只一字之差，但它反映的经济关系却有巨大的差别，而农民自有财产的生长和增长，正在于联产承包制的具体形式，发生了一个由“包产到户”到“包干到户”的重大转折。

---

❶ 国家统计局编：《中国统计年鉴》（1985），中国统计出版社1985年版，第147、159页。

❷ 国家统计局编：《中国统计年鉴》（1993），中国统计出版社1993年版，第329、353页。

“包产到户”与“包干到户”，这两个“包”字，所“包”的内容是大不相同的。在“包产到户”下，农户“包”的，是他承包着的耕地上的总产量。即农户在向生产队承包耕地时，双方要根据这些具体地块的常年产量，议定一个承包后应该达到的总产量。超过总产量的部分，承包农户与生产队实行比例分成。既然“包”的是承包地上的总产量，产品当然就是归生产队所有，即所承包的总产量之内的农产品，承包农户必须交给生产队，超过总产量的部分，也要按一定的比例，将产品交给生产队。生产队再根据承包农户完成承包的产量的具体情况，按事先的约定，给农户记若干工分，农户以此在年终时向生产队取得报酬和口粮。因此，在“包产到户”的情况下，生产队仍然是一个完整的经济核算单位；它掌握着队内各承包户生产的绝大部分农产品，向国家交售统、派购农产品，向市场出售剩余的农产品，仍然是以生产队为单位进行的；社员的口粮和劳动报酬的分配，整个生产队的收益分配，即处理农村经济消费和积累的关系等，仍然都是由生产队掌握的。承包土地的农民家庭，虽然也具有一定的经济核算功能，例如，它要计算用什么生产手段达到承包的产量更为经济，要计算追加投资以获得超产分成奖励是否合算，等等；承包户虽然也具有一定积累功能，如将获得的超产分成奖励用于购置若干农具等。但总的来说，农户的经济核算是不完全的，它的积累功能也是很微弱的，因为整个经济活动的基本核算内容和基本的收益分配，是由生产队掌握着的。

但“包干到户”则使情况发生了重大的变化。在“包干到户”下，承包农户“包”的是它所承包的耕地所负担的应完成的政府统、派购任务（1985 年又改为“合同订购”任务），以及它应向集体组织缴纳的“村提留”和“乡统筹”款项。实行

"包干到户"，生产队并不要农民向它缴纳耕地上的农产品，而是将队里所承担的政府统、派购农产品的任务，按地亩分解到了各个承包农户的家庭，由农户自己去完成政府统、派购农产品的交售任务；除此之外，还要向农户收取用于社会、经济管理和发展公益事业的费用，即"提留"和"统筹"。在承包农户完成了上述两方面的任务之后，集体组织不再干涉农户独立的经营活动。由此可见，由于"包"的内容不同，集体组织在农业经营方面，已经不再是一个经济核算单位，它的职能，主要是督促承包农户完成向政府缴纳农产品的任务，以及向农户收取"提留"和"统筹"。它不承担统一经营、统一分配的职能，除了进行较大的农田水利基本建设、组织农民实行劳动积累等之外，生产队在农业中一般也不再承担积累的功能。因此，农户在"包干到户"下演变成了一个完善的经济核算单位，处理农业中的消费和积累的关系，主要也就成了农民家庭内部的事情。既然农民的家庭承担起了农业中的主要的积累功能，那么，农户逐步积累起属于家庭自有的生产性固定资产，也就不足为怪了。

从"包产到户"向"包干到户"的转化，引起了农业中基本核算单位和积累功能的转移，原因在于对产品的所有权的变化。如前所述，无论是"包产到户"还是"包干到户"，土地是集体所有的，这一点没有发生任何变化。所不同的，是在"包产到户"下，不仅耕地是属于集体所有的，而且承包农户所生产的绝大部分的农产品，也是属于集体所有的。但实行"包干到户"之后，尽管土地仍然是属于集体所有的，但农户在承包耕地上所生产出的农产品，却基本都是农户所有的了。这一点说明，尽管生产资料所有制的性质没有变，但由于经营方式的不同，生产资料在投入运行之后，如果产品的所有权、支配权不同，那么在不改变原生产资料所有制性质的情况下，是完全可能生长出新的所有制性质的生产资料来的。

在“包干到户”下，对于承包地上的产品的分配，用农民的话来概括，就叫作“交够国家的、留足集体的、剩下都是自己的”。在这个分配准则中，其实是暗含着财产积累的机制的。只要是集体统一分配，那么分配到农民家庭的就只能仅仅是消费品，因为积累的功能在集体组织。但“剩下都是自己的”则不同了，因为“剩下的”产品，并没有被界定于消费品之内，相反，只要“剩下的”产品越多，那么实际上可被用于积累的比重也就越高。因此，“包干到户”与“包产到户”具有完全不同的内在激励机制。在“包产到户”中，对农户的激励，在于只要你能超产，你就能分到一定的超产比例，那么在生产队分给你的口粮和工分报酬之外，你就还可以多得一部分，这对于改善农户的生活当然是有好处的。但是，它的激励，基本还是处于多获得一部分消费品的范围之内。而在“包干到户”中，对农户的激励，则是明显超出了多得消费品、改善生活的范围。因为只要“剩下的”农产品足够多，它就可以转化为财产的积累，因此，它的激励，是属于产生和增加财产的激励。在“包干到户”中，承包农户之所以追求让“剩下都是自己的”这一部分不断地增产，显然并不是还没吃饱，而是因为它可以被转化为货币、可以被转化为属于自己的财产。应该说，这个激励机制，对于20世纪80年代前期初级农产品的迅速增长，是起了极其重要的作用的。我们可以看到，一方面是粮、棉、油等基本农产品，以完全出乎人们意料的超常规的速度迅猛增长，而另一方面，属于农户自有的生产性固定资产，也在以人们完全没有想象到的速度在迅速增长。如前所述，在实行“包干到户”仅仅三四年后的1984年，农户的生产性固定资产就已达到了1090亿元，而这个数量，差不多等于实行集体化后，三级集体经济组织在23年内积累起来的生产性固定资产总和的128.4%。

我们看到，从经营体制改革突破的农村经济体制改革，实际上也引起了财产关系的变革。之所以引起这样的结果，就改革的经营形式而言，是因为实现了从“包产到户”到“包干到户”的转变。而这个转变之所以重要，根本的原因，是在于它改变了劳动产品的所有权。“包产到户”只解决了劳动者消费品的分配与他的劳动成果的直接联系问题，在这里，劳动者能争取的，还只是工资性的消费品分配尽可能地增加，而生产的真正的经营权，尤其是决定劳动成果分配的消费与积累比例，并不由劳动者确定，还是由生产队实行统一核算、统一分配。这样，表面看来似乎解决了多劳多得的问题，“大锅饭”的平均主义虽然解决了，但实际上“小锅饭”的平均主义却并没有解决。因此，“包产到户”的形式稳定不住，它一定要向更为清晰的分配形式方向发展。它不仅要求在消费品的分配方面，能根据每个劳动者所付出的劳动，给予有差别的承认，而且要求对作出了必要的社会扣除之后的剩余产品，也按照每个劳动者所付出的劳动，给予实事求是的评价。在这里我们可以看到：资产在经营活动中，确实是可以参与分配的，而农民则是较早地在他们自身的实践中体会和认识到了这一点。之所以说“包产到户”下还有分配的“小锅饭”，那是因为剩余产品归生产队支配，用剩余产品积累起来的生产资料，集体组织所有的农户都可以从中得到好处，而不再区别哪个农户、哪个劳动力为积累这些资产所作的贡献的大小；没有为积累这些资产作出贡献的人，也获得了使用这些资产的权力，也能够增加自己的收入。这样，一部分人积累起来的劳动，实际上就被别的人所无偿占有了。而“包干到户”下，剩余产品在作了必要的社会扣除后，就是归农户所有和支配，用它积累起来的生产资料，在所有权上明确地属于农户自己，而使用这些资产所增加的收益，也都归农户所有。这样，只要能够增加积累，农户自己的生产条件就会日益改善，因此而增加的收入，也绝不会存在分配关系不清的“小锅饭”问题。这是将增加积累与增加收入之间的关系最为直接明显地表现出来的一种方式。由此可见，“包干到户”不仅体现了消费品多劳多得的分配形式，也体现了剩余劳动产品多劳多得的分配形式。但这里却发生了新的转折，即由此而形成的新的个人资产，在以后的经营活动中，也开始直接地参与分配。因此，“包干到户”不仅改变了农业生产的经营形式，也改变了农村资产的积累方式，最终它也改变了单一的按劳分配的形式：因为它承认资产获得收益的权利。这就是农民追求“包干到户”、追求不断积累自有资产的动力。这也是为什么各种形式的农业生产责任制，最终都选择了“包干到户”形式的根本原因（参见表 6-1）。

6.3 农村新型财产关系的发展：股份合作制

农户拥有了自有的生产性固定资产，要求明确这种财产关系和保障自有的财产，这是具有必然性的。因为这不仅关系到他们已有的财产的产权问题，而且还关系到他们今后继续增长的财产的产权问题。到 1992 年年底，全国农民除拥有 3756 亿元的实物形态的资产之外，还拥有储蓄 2867.3 亿元，其中的定期储蓄占 79.3%[1]。农户已有的固定资产与这笔金融资产相加，

---

[1] 国家统计局编：《中国统计年鉴》（1993），中国统计出版社1993年版，第285页。

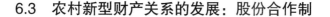

表 6-1　全国农村联产承包责任制变化情况（1979—1984 年）

	1979 年		1980 年		1981 年		1982 年		1983 年		1984 年	
	数量（万个）	%	数量（万个）	%	数量（万个）	%	数量（万个）	%	数量（万个）	%	数量（万个）	%
全国农村基本核算单位数	479.6		561.1		601.1		593.4		589.0		569.2	
其中实行生产责任制的单位数	407.0	84.9	521.8	93.0	587.8	97.8	585.9	98.7	586.3	99.5	569.0	100
1. 实行定额包干的单位数	267.3	55.7	218.7	39.0	99.1	16.5						
2. 实行联产到组的单位数	119.5	24.9	132.6	23.6	64.9	10.8	53.2	9.0	9.9	1.7	5.4	0.9
3. 实行联产到劳的单位数	15.1	3.2	48.4	8.6	95.2	15.8						
4. 实行包产到户的单位数	4.9	1.0	52.5	9.4	42.1	7.0	52.4	8.8				
5. 实行包干到户的单位数	0.2	0.1	28.3	5.0	228.3	38.0	480.3	80.9	576.4	97.8	563.6	99.1
6. 实行其他形式的单位数			41.3	7.4	58.2	9.7	—	—	—	—	—	—

资料来源：农业部农村合作指导司等编：《农村合作经济组织及农业生产条件发展情况资料》，第 194、195 页。

总额已超过了6600亿元。这笔巨额资产的产权保障问题，当然是农民极为关心的一个重大问题。况且，农户的生产性固定资产自1984年以来，每年平均增长16.7%，而农户的储蓄余额，平均每年增长26.5%，因此，农户的资产总额，今后每年都将增长1000亿元以上。而即使在完全实行单一的生产资料公有制的格局下，农户也非常清楚，他们对于生活性固定资产的投资，其个人的资产所有权是得到非常可靠的保障的。因此，如何对待农民已经拥有并有可能迅速增长的生产性固定资产，将对农户日渐增长的金融资产的投向，产生极其重大的影响和诱导。处理得好，农民将把更多的经济剩余投向生产领域形成固定资产，这对于促进农村生产力水平的提高，具有极为重大的意义。但如果处理不好，农民也完全有可能把更多的经济剩余投向生活领域，以致造成盲目的、有害的消费行为，如不断翻盖住房、占地修坟、大操大办婚丧嫁娶等。因此，对待农户自有的生产性固定资产的增长问题，是一个事关农村经济积累的重大的政策性问题。

但是，明确并保障农民自有的生产性固定资产，以及保障这种资产的增长机制，这只是问题的一个方面。因为就每一个农户来说，它所拥有的资产数额毕竟是有限的。如前所述，平均每一农户拥有的生产性固定资产为1643.95元，平均每一农户拥有的银行储蓄余额为1254.89元，两者合计也不足3000元。这样的资产数额，对于发展高效率的生产，毕竟显得规模太小。因此，对农民来说，面对的问题实际上是两个方面，即既要明晰并保障个人的资产所有权，又要促使资产实现有效的社会性联合，以形成有效率的资产经营方式。正是在这样的客观要求下，农村的资产发生了重新组合，并由此创造出了一种新的资产组合和经营形式，即股份合作制。

股份合作制在20世纪80年代中期就有萌芽，到20世纪80年代末、90年代初，已发展成具有全国规模的一种新的农村资产组合和经营形式。在经济理论和经济实践中，股份制企业和合作制企业本来是有着严格的区别，因而也是属于两个范畴的不同概念。但农民为什么非要创造出一种将这两种资产经营形式合在一起的经济组织形式呢？根本的原因就在于农民追求的是一种既能保障他们的自有产权又能实现资产联合经营的形式。很自然，要实现这种经营形式，就必须将各人的资产采取股份的形式，才能使分散的资产集聚起来，联合经营。本来，股份这种形式，是可以被多种经济组织所采用的，如合伙经营企业、有限责任公司、股份有限公司，以及合作经济组织，等等。但是，在很长时间里，由于我们在理论和实践中的失误，错误地将这种集聚分散的社会资产的股份形式，当作是资本主义性质的，否认在全民所有制、集体所有制经济中有什么股份。特别是在合作社向人民公社的转化中，完全否认了社员原来加入合作社时缴纳的股份基金，一下子宣布所有的财产都变成了集体公有制，而集体经济根本就不再承认它内部还有什么个人的资产和资产参与分配的权利。正由于我国的农村集体经济，在发展过程中曾有过一段这种剥夺农民、伤害农民的弯路，因此，农民对于再度实行资产的联合经营，会不会再发生被剥夺个人产权、个人的财产被“归大堆”的问题，是特别警惕的。本来，合作经济组织实行联合经营的资产，最初都是由社员的入社股金集聚起来的，因此，运用股份这种形式，本是合作经济的题中应有之义，只要讲是合作经济，人们就会知道联合经营的资产中必有社员的股金，这是可以不言自明的。但正因为农民吃怕了被“财产归大堆”的苦头，所以他们才觉得有必要在发展新的合作经济组织时，特别强调“股份”这个概念，以明确他们自己的财产权益。

随着产权关系清晰的个人资产和股份合作经济组织的产生及发展，农民对于清晰产权的要求又进一步推进到了集体资产。最具典型性的，是一部分由乡（镇）和村民委员会直接管理的乡镇企业。按原有的财产关系分析，这些原由公社和大队办起来的企业，其初始投资大多是由其下属的经济组织共同筹措的，如公社办的企业，往往相当一部分投资是由各生产大队共同筹措的；而生产大队办的企业，往往又是由各生产队筹措了投资资金的。人民公社取消后，一方面是乡、村、组的集体组织之间，不像过去那样有着直接的行政隶属关系，另一方面，农村的行政组织建制也发生了若干变化。因此，原来对社队企业投了资的生产队（现村民小组）、生产大队（现村民委员会），就要求能够明确自身在这些企业中的权益地位。这就引起了对现有的集体所有制的乡镇企业资产的股份制改造，并以此来明确企业最初投资者在企业中的权益地位。

因此，近年来农村中出现的股份合作制热潮，实际上是在两个方面同时展开的。一方面，是农民新生长出来的自有资产，从分散的状态借助了股份这种形式，走向了资产的集聚和联合经营；另一方面，则是一部分原来的集体资产，借助了股份的形式，来清晰它自身的产权关系，并明确资产拥有者在企业经营的重大决策和收益分配方面的权益地位。因此，不难看出，由于农村财产关系所发生的新变化，由于股份合作制这种新的资产经营形式的崛起，农村的经济体制改革，已经触及了清晰产权这个较深的层次。

目前农村中的股份合作经济，大体上有以下几种主要的形式：

一、集体所有制乡镇企业的股份合作制改造

这种类型一般都发生在农村集体经济实力比较强盛、乡镇企业以集体所有制为主的地区。对集体所有制的乡镇企业实行股份合作制的改造，主要是希望能解决以下三个问题：①解决原有的企业资产权属不清问题。即如前文所讲的那样，当初靠生产队、生产大队集资办起来的企业，如今属乡政府、村民委员会直接管辖，怎么体现初始投资者的权益？实行股份合作制之后，就基本解决了上述问题，而且也较好地解决了政企分开问题。②解决扩大企业规模的资金不足问题。企业实行股份合作制改造后，原有资产的产权关系清晰了，只要效益好，原有的股东，企业内部的职工，以及其他的投资者，就愿意增加对企业的投资。③解决资产流动、企业兼并和组织企业集团等问题。原有的集体所有的乡镇企业，受社区封闭的影响很大，资产不能跨社区流动，实行股份合作制改造后，通过购买和转让企业的产权，较好地解决了这个问题。近年来，在一些集体所有制的乡镇企业经济效益好的地方，股份合作制迅速发展，还有一个重要原因，那就是企业增长的资产，如果永远和经营者、员工没有直接的利益关系，那么企业对经营者和其他优秀的员工就会日益失去吸引力，实行股份制改造，允许企业内部职工持有本企业的一部分股份，增加了企业的凝聚力和稳定性，对促进企业的发展起到很大的作用。

二、农民私营企业的股份合作制改造

这种类型多发生在原来集体经济比较薄弱、集体所有制的乡镇企业比较少的地区。由于农村改革促进了这些地区的经济

发展，一部分先富起来的农民逐渐发展起了一批私营企业。农民的私营企业搞股份合作制的改造，主要是为了解决以下三个问题：①解决私营企业的地位问题。虽然我们的经济政策是允许私营企业存在和发展的，但企业的登记注册，一直按企业的资产所有制来区别企业的性质，而不是按企业资产的责任形式来区别企业的性质，加上社会传统观念的影响，使私营企业在市场竞争和与社会各方面的经济交往中，往往处于不利地位。而改造成股份合作制企业后，企业可以按集体所有制性质登记注册，有利于企业开展对外的业务活动。②解决扩大再生产的资金不足问题。实行股份合作制的改造后，新的投资者会给企业带来投资资金。③解决企业内部的劳资矛盾问题。私营企业的利润属业主所有，往往造成业主与雇工之间的收入差距悬殊，劳资关系逐渐趋向紧张。实行股份合作制，雇主将企业利润的一部分转为内部员工的股份，或转为工资、奖励和福利基金等，缓和了劳资矛盾，增强了企业的凝聚力。

三、原社区性集体经济组织的股份合作制改造

这种类型大多发生在经济发达的大中城市郊区。它们往往有一个共同的经济背景，即随着城市的扩张，近郊农村的土地被大量征用，集体经济组织在短时期内即获得了巨额的土地补偿费。为了既不将这笔资金随意分给集体组织的成员作消费资金，又不走过去那种少数人说了算、用行政手段办企业的老路，就采用股份合作制的办法，以群众赞同的标准，将地价收入中的一部分，量化到农民作为他们的股份，然后集中这笔资金，兴办各类经济实体，既解决了土地被征后当地农民的就业问题，又提高了资金的使用效益。

四、以股份合作制的形式组织的各类专业性的农民经济联合组织

以往的集体经济组织，都是社区性、地域性、综合性的。随着商品经济的发展和市场调节范围的扩大，光有地域性的综合集体经济组织已经不能满足农民的要求，因此，农民自发地组织起了一大批跨社区的、专业性的、主要是从事流通和生产技术服务的新的经济联合体。这些新经济联合体中，有相当部分就是采用股份合作制的办法来形成资产的联合经营的。

总的来看，农村中股份合作制经济的具体形式十分丰富，而它们内部的经济关系也各不相同。从资产构成、决策程序和分配关系看，虽然都叫股份合作制企业，但有的更接近于有限责任公司或合伙企业的性质，而有的则更接近于合作经济组织的性质。但无论是哪种具体形式，它在现阶段都起了既清晰产权，又实现资产的联合经营的作用，对发展农村经济具有很大的意义。当然，随着法制的健全和股份合作制经济本身的发展，企业资产责任形式也会逐渐地分化而逐步地清晰，一部分股份合作制企业将逐渐发展成比较规范的有限责任公司形式或股份有限公司等形式，一部分则发展成为比较规范的合作经济形式，还有一部分将转化为合伙制的形式。但这既需要一个经济发展和法制健全的过程，也需要有一个农民认识各种经营形式并认真作出选择的过程。因此，在当前，应当鼓励和支持股份合作制经济的发展，因为它有利于在清晰产权的前提下发展资产的社会化经营，有利于促使农村经济更快地发展。

6.4 农村财产关系进一步变革的展望

目前，农村已经形成了以集体公有制为基础的多种经济成分并存、共同发展的财产关系大格局。但所有制性质、财产关系是始终处于经济运动的过程之中的，因此，它们本身也绝非是僵化不变的东西。我们过去的经济理论和政策，只偏重于关注生产资料所有制的性质，而忽视对生产资料在经济运行中，逐渐引起经济关系发生变化的研究。必须看到，经济运动本身就是引起财产关系逐步变化的根本原因，以为给生产资料所有制规定了性质，财产关系就再也不会起变化的想法，是完全不符合经济运动的规律的。生产资料的分配，决定着劳动产品的分配关系，这无疑是正确的；但分配关系的变化，同样也会引起新的生产资料分配的变化。这两个方面，在经济发展的过程中是相辅相成的。这应当是我们观察农村财产关系进一步发生变化的思维方式。我们可以预见，在深化改革和经济发展的过程中，农村财产关系的进一步变化，将会有以下几方面的特征：

一、集体公有制财产在农村财产关系中的基础地位不会改变

这是因为农村土地资源属集体公有的制度将长期坚持下去。土地属农村集体经济组织所有，对于稳定农村经济的大局，避免部分农户的破产和地产的兼并等都是必要的。而土地本身不仅是农村资产中的一个重要组成部分，并且，土地在客观上也对整个农村经济的发展起着基础性的作用。同时，目前虽然在农业经营活动中，农户的自有资产占据较高的比重，但

由于实行农业的家庭经营之后，集体资产的增长点转向了非农产业。因此，就整体来看，除土地以外的农村集体资产，尤其是乡镇企业中的集体资产，始终保持着相当高的增长率。到1991年年底，仅乡村两级企业所拥有的集体资产，就达2291.3亿元，加上村组其他方面集体统一经营的资产373.3亿元，其总额相当于1978年年底人民公社三级总资产的3.14倍，平均每年增长率为9.2%。此外，农村中的各项基础设施，也大多是集体经济组织的投资，它们对农业、对农村经济各行各业的发展，都起着极为重要的作用。因此，我国农村经济的整体发展，是离不开集体资产这个基础的。

二、农户自有和其他非公有制的资产必将进一步增长

如前所述，最为普遍的家庭联产承包制形式——“包干到户”，具有一种增长农户自有资产的机制。而家庭联产承包责任制将长期稳定不变，因此，农户自有的资产必将源源不断地生长出来。从承包耕地上产出的农户自有资产，进一步投入运行，又会产出新的属于农民自有的资产。正是在这种财产增长机制的推动下，农户的、其他非公有性质的资产必将不断地增长。因此，在整个社会主义初级阶段，农村都将形成一种以集体公有制为基础的、多种经济成分并存和共同发展的财产关系格局。

三、多种资产所有制之间的融合，将是农村财产关系进一步变化的必然趋势

由于单一集体公有制的格局已被打破，而经济的发展又要求不同所有者之间的资产逐步实现社会化的联合经营。因此各种所有制之间的资产，采取多种形式的联合经营将是经济发展

的一种必然趋势。各种所有制之间的资产融合、资产所有权与经营权的分离、企业法人资产所有权的形成，都将在农村财产关系的进一步变革中，得到更为充分的体现。资产的所有制性质，本身并不能决定资产利用的效率。因此，我们必须推动农村财产关系的进一步变革，寻找更为有效的资产经营形式，形成更具激励作用的资产增长机制，以更快地促进农村生产力水平的提高，促进农村经济实力的增强，促进农民收入的增长和生活的改善。

7. 农村基层经济组织制度建设

农村基层的经济组织，是一种农民自愿联合、自我服务的经济组织。我国农村基层的经济组织，一般都是依托于历史形成的农村社区而建立起来的。社区，指的是一个可以基本满足人们的生产、生活交往要求的相对独立的社会区域。我国历史上形成的农村社区，大体上可以分成两层，第一层是村落，在自给半自给的传统经济中，人们在共同居住的村落内，就可以满足生产、生活及交往中的一些最基本要求；第二层是以农村集镇为中心的覆盖十几个甚至几十个村落的农村经济、文化交往区域，它基本上可以满足人们在村落内不能实现的那些经济与文化的交往要求。在传统的农村，由于经济活动和生产方式的单调性，人们在上述的两层社区范围内，往往就可以度过一生，有相当多的农民甚至终生也未迈出过社区，没去过别的社区，更没到过城市和外地。这种人们世代相聚、共同生产和生活在一起的农村社区，往往有着共同的经济利益，如对某些农业资源的共同利用；也有着共同的文化背景，如遵循着若干大家都认同的乡规民约。因此，农村的社区，是一种历史遗留下来的重要组织资源，社区组织在农村社会、经济活动中的作用，也是其他类型的社会、经济组织所难以替代的。因此，本章的分析，将以社区性的农村经济组织为主要对象。

7.1 集体经济下农村基层经济组织运行的分析

农村的集体经济，是一种社区性的经济组织。从它以往在集体统一经营下的运行状况看，它有着三个非常突出的特点：

一、将市场关系内部化，从而降低了公共设施建设和公用事业发展的费用

这一特点在某种程度上，是发挥了社区组织的传统功能。由于同一社区内的成员，都存在着一定的共同利益，因而，社区组织就存在着将市场关系内部化的可能性。例如，建设某些社区成员共同使用的基础设施，如农田水利设施、道路、桥涵、输变电和通信设施等，若按市场交往方式来建设，请专业性的施工单位来施工，成本就比较高，因为对于施工单位来说，除了要补偿施工的成本之外，还要获取一定的利润。但由于这些设施的建设，与社区内每一个成员的生产和生活直接相关，是他们的共同利益之所在。因此市场交往的方式在这里便可以被排除，而是依据人们共同利益的原则，在社区内部，通过分工协作，依靠组织内部的力量，就完成了这些设施的建设。这样，除了必要的设备和材料费用外，劳动的费用就可以列入组织内部的统一核算，而工程建成后的收益，也变成了组织内全体成员的共同利益。这种依靠组织成员的劳动积累，将工程建设的成本与收益内部化的方式，使经济组织为建设这些设施所支付的费用大大降低。正因为社区性的经济组织具有这样一种功能，因此，可以看到的是在集体统一经营期间，农村的农田水利基本建设等工程设施，确实有了相当大的发展，我国的农田灌溉面积，从 1957 年的 27339 万公顷，增加到 1979

年的45003万公顷，扩大了64.6%；农村的小型水电站，由1957年的544座、发电能力为2.0万千瓦，增加到1979年的83224座、发电能力达276.4万千瓦，分别增加了近153倍和137.2倍[1]。通过大搞基础设施建设，大力改变农业生产和农民生活的基本条件，应当说是社区性集体经济组织的一大优势。当然，在集体统一经营时，确实也存在着不尊重自然和经济规律、用行政手段乃至命令主义搞瞎指挥的现象，以致有些工程建设耗费了大量民力，但效益甚微。但总的来说，后者是经济体制的不顺而造成的，而前者却是社区性集体经济本身所具有的一种功能和优势。

二、经济运行的封闭性和行政化

在传统的农村经济中，社区的经济活动就具有很大的封闭性，因此它才能在很小的社会经济区域内，就能满足社区成员生产、生活和交往上的基本要求。但是，建立社区性的集体经济组织后，由于实行政社合一的体制及农产品的统派购制度，使得社区经济的这种封闭性不仅没能减弱，反而日益被强化。由于在人民公社体制下，公社、大队、生产队之间实行的是行政性的垂直领导体制，这就割断了原来早已形成的农村社区与社区之间的经济联系，每一个生产队都只听命于大队，而每一个大队则又都听命于公社来安排自己的经济活动。同时，即使是在社区内部，由于农民的家庭被变成了单纯的生活消费单元，因此，农民家庭之间的经济交往也明显减弱，更不用说农民家庭与社区外的经济交往了。

[1] 国家统计局编：《中国统计年鉴》（1993），中国统计出版社1993年版，第349页。

实行农产品的统派购制度之后，农业的剩余产品基本上都由国营和供销社商业系统独家收购，生产资料也由它们独家经营，农户和社区与市场都被切断了联系，整个农村与外部社会的经济联系变得极为单一。正如前文已分析到的那样，为了确保基本农产品统派购任务的完成，政府和农村集体经济组织采取了一系列手段，来限制农村生产要素的流动，限制传统的农村集贸市场的活动。这不仅加剧了社区经济的封闭性，而且使得大量依赖于集市贸易而繁荣起来的农村集镇，迅速地走向萧条和冷落，使农村的经济结构更为单一。

社区组织，本来是一种自然形成的群众自治性的组织。但在人民公社政社合一的体制下，农村的社区组织实际上被演变成了一种从属于政府机构的行政性组织。这主要表现在社区集体经济组织的各项社会、经济活动是由上级组织以行政性手段来下达指令安排的，同时，社区集体经济组织自身，也要承担大量的政府行政职能。因此，从总体来看，农村的社区性集体经济组织，在原来的体制下，正在逐步地向政府派出机构的方向演变，而它的经营和服务功能，却在不断地弱化。

三、经济组织内部的管理成本提高与激励机制的减弱

由于社区性集体经济组织必须实行统一经营、统一核算、统一分配的原则，这就使得以从事农业生产为主的集体经济组织，在内部管理上遇到了极大的困难。我们说，农村经济，在合作过程中对于生产资料所有制性质和经营形式的变动，确如党的十一届六中全会所作的《中国共产党中央委员会关于建国以来党的若干历史问题的决议》中所指的那样，存在着“要求过急，工作过粗，改变过快，形式也过于简单划一”的

严重问题。但是，在集体经济组织的内部管理上，尤其是在实行了以生产队为基本核算单位的体制之后，这方面的工作曾是花费了大量精力的。仅是制定农业劳动的定额和研究评工记分的方法，上至中央主席、下至生产队的队长、会计，就不知为此付出了多少心血。但是，由于排除了联产到劳、包产到户这种在农业中考核劳动付出量的唯一有效的方法，因此，不管花费了多少精力，不管定出了多少标准，不管采用了多少方法，尽管把定额、折算的标准和方法搞得细而又细，以致细到了像毛泽东在 1961 年 9 月 29 日召开的邯郸谈话会所说的“烦琐哲学”的程度：有 37 道工序，49 个百分比，1128 笔账，光定额就有 400 多个。但还是解决不了生产中的“大呼隆”和分配中的“大锅饭”，评工记分还是被农民称作“大概工”。由于集体经济组织在运行中，坚持“统一经营、统一核算、统一分配”的制度，而始终没有找到有效的考核和监督劳动的方式。因此，尽管对内部经济管理付出了高昂的成本，但一直没法真正体现按劳分配、多劳多得的分配原则，从而使集体统一经营对农民失去了有效的激励机制。而生产者没有积极性，也就注定了这种经营方式缺乏生命力和难以长期维持。

7.2 对农村社区经济的“双层经营”制度的分析

实行家庭联产承包制之后，我们一直说，要在农村建立农户和集体的“双层经营”体制。但是，到底什么叫作统分结合的双层经营体制？农村集体经济组织内部，目前到底是一种什么状态的经营体制？对这些问题，在农业经济理论界和农村实际工作部门，都还存在着不同的看法。因此，对双层经营体制展开分析和讨论，显然是具有必要性的。

一、“双层经营”体制的提出

农村经济体制的改革是个渐进的过程，而且，总的来说，是农民的改革实践明显地走在了理论和政策研究的前面。党的十一届三中全会前后，农村改革刚起步，一些地方的农民和基层干部就直接搞起了“包产到户”。但当时理论上和政策上研究的重点，却还是生产队的经营自主权和集体组织内部的具体管理形式问题。1979 年 9 月党的十一届四中全会通过的《中共中央关于加快农业发展若干问题的决定》（以下简称《决定》）中，对于生产队内部的经营管理办法，提的是：“可以按定额记工分，可以按时记工分加评议，也可以在生产队统一核算和分配的前提下，包工到作业组，联系产量计算劳动报酬，实行超产奖励。不许分田单干。”这就是在农村改革中影响极大的、被农民称作“可以、可以、也可以”的政策规定，而农民和基层干部当时就是利用这个“也可以”来大做文章，实行联产计酬责任制的。这个《决定》发出后，农村出现的普遍现象，就是把作业组划小，这样，每个生产队下属的作业组就既小又多，有的干脆就变成了“父子组”“兄弟组”，以减少作业组内部的利益摩擦和管理成本。据统计，1979 年实行了内部生产责任制的基本核算单位为 407 万个，而到 1981 年，实行内部生产责任制的基本核算单位已增加到了 587.8 万个，即两年时间内就增加了 44.4%。而把作业组划小，目的就在于既维持了“统一经营、统一核算和统一分配”，又使得联产承包制便于实行。因此，在这一阶段，生产队内部的管理体制，实际是不允许出现“双层经营”现象的。

到了 1980 年 9 月，中共中央印发了《进一步加强和完善农业生产责任制的几个问题的通知》，重点提倡专业承包联产计酬责任制，提倡按劳动力能力的大小，实行专业联产承包，提出："各业的包产，根据方便生产、有利经营的原则，分别到组、到劳力、到户；生产过程的各项作业中，生产队宜统则统，宜分则分；包产部分统一分配，超产或减产分别奖罚；以合同形式确定下来当年或几年不变。"这里是在实行联产承包制后第一次提出生产队与承包者之间的"统"与"分"的关系问题。但是，这里讲的"统"与"分"，还只是生产过程中的各项作业的"统"与"分"，而并没有从经营层次上讲"统"与"分"，即承包者在政策上并未被看作是一个相对独立的经营者。

到 1982 年 1 月 1 日，中共中央批转《全国农村工作会议纪要》（即第一个关于农村政策的"1 号文件"）时，指出了："联产承包制的运用，可以恰当地协调集体利益与个人利益，并使集体统一经营和劳动者自主经营两个积极性同时得到发展，所以能普遍应用并受到群众的热烈欢迎。"这即是说，承包者已在政策上被视作一个独立的经营主体。这个文件还要求："宜统则统，宜分则分，通过承包把统和分协调起来，有统有包。"

1983 年的中共中央"1 号文件"指出："完善联产承包责任制的关键是，通过承包处理好统与分的关系。以统一经营为主的社队，要注意吸取分户承包的优点。……以分户经营为主的社队，要随着生产发展的需要，按照互利的原则，办好社员要求统一办的事情。"这实际上已经指出，由于经济发展水平的差异，实行联产承包制之后，原有集体经济组织，其基本的经营形式已分成两类，一类仍以统一经营为主，而另一类则以分户经营为主。在分户经营为主的地方，集体经济组织主要是办那些一家一户不好办的事，主要是为农户经营提供服务。

1984年中共中央“1号文件”要求：政社分设以后，“为了完善统一经营和分散经营相结合的体制，一般应设置以土地公有为基础的地区性合作经济组织”。“地区性合作经济组织应当把工作重点转移到组织为农户服务的工作上来。”这里不仅提出在集体经济组织和承包农户之间应形成一种统分结合的经营体制，而且明确，集体经济组织的统一经营，其重点是组织为农户服务的工作。

1986年中共中央“1号文件”再次明确：“地区性合作经济组织，应当进一步完善统一经营与分散经营相结合的双层经营体制。”“应当坚持统分结合，切实做好技术服务、经营服务和必要的管理工作。”这里强调的还是所谓集体经济组织的“统”，主要内容就是为农户提供服务。

1987年中共中央“5号文件”指出：“乡、村合作组织实行分散经营和统一经营相结合的双层经营制，农民是满意的，要进一步稳定和完善，绝不搞‘归大堆’，再走回头路。当前，合作组织主要是做好两件工作，一是为农户提供生产服务，一是加强承包合同的管理。”

回顾自1980年以来党中央关于农村政策的文件，对于农村实行“统分结合、双层经营”的要求，确是具有一贯性、连续性的。这个政策是在实践中完善起来的。应该说，党中央始终认为，集体经济组织的“统”是必要的，因为在分散经营的情况下，一家一户有许多事是办不了或办不好的。但集体的“统”，是为分散经营的农户服务的，而不是要以集体的“统”，去取代家庭经营。如果那样，就如中央文件所指出的，就是又搞“归大堆”，再走回头路了。集体的“统”，是以农户家庭经营的稳定为前提和基础的，因为需要集体实行统一经营的那些内容，就是应当向农户分散经营提供服务的那些内容，因此，统一经营与分散经营并不存在什么矛盾。问题是在落实“双层经营”这个政策的过程中，有些同志往往将集体的“统”理解为是取代农户经营的“分”。这就往往给农民造成政策不稳定的感觉。但这是对“双层经营”的误解的结果，而绝不是内容阐述得非常明确的“双层经营”体制本身所造成的。

二、双层经营与双层经济

在改革以后的农村经济的运行中，我们看到的事实是，集体经济组织内实际上形成了“双层经济”，即农户已形成经济实体，而不是单纯的“集体经济组织内的一个经营层次”。应该说，这种现象，自农村普遍地实行了“包干到户”之后，就已开始形成。

实行“包干到户”之后，农户成为完备的经济核算单位，因而也拥有了资产积累的功能。正是在这个起点上，农户逐渐地成长为一个经济实体。它直接向国家纳税交粮，除了向集体缴纳“提留”之外，它是一个自主经营的经济实体，而不是在完成集体经济的经营活动中的某些内容或某些环节。并且，农户的经营范围也逐渐地超出承包耕地上的活动，越来越多地凭借着家庭自有的经济实力开展经营活动。

集体经济组织，除了组织农民进行农田水利建设及向农民提供农业中某些环节的服务之外，在大多数地区，都已经或基本退出了耕地的经营活动。除了原来集体家底薄弱，没有多少集体经济实力和实体的地方之外，集体的经营活动的重点已越来越向工商业等非农产业转移，而集体经济的实力，则越来越集中地表现在非农产业资产的增长上。

我们讲的集体经济，主要指的是经济实力，即指各自所拥有的资产。因为即使是集体经济实力雄厚的地方，集体的资产，也并不是“统一经营”的，也总是采取承包或是别的什么责任制形式在分散地经营着，只不过集体经济组织对这些集体资产的收益或承包的收益，确实还存在着统一核算罢了。从这个意义上讲，农村既然已经存在着两类资产，即农户的资产和集体的资产，那么农村当然也就存在着双层经济，即农户经济和集体经济。正因为农户并非是自己没有财产的经营者，因此，仅把农户看作是集体经济中的一个经营层次，显然是不确切的。

我们已经分析过，集体的统一经营是为农户的经营服务的，因此，集体是否有经济实力，能否为农户提供服务就至关重要。有些地方的集体之所以能为农户提供较好的服务，就是因为集体有经济实力，有财产收入，所以才搞得了服务。而有些地方的集体组织之所以无法为农户提供服务，也就是因为集体没有经济实力。因此，要有“双层经营”，首先就必须有“双层经济”。这实际上涉及两个方面，如果只有农户经济，而集体则无经济实力，就不会有“双层经营”；但同样的，如果将农户经济“归了大堆”，实际上就变成了只有集体这一层经济，集体也就失去了自己的服务对象，同样不会有什么“双层经营”。而误解了集体经济组织“统”的内容，则往往容易在实践中自以为是地搞“双层经营”，其结果却又会犯把农村搞成“一层经济”的错误。因此，完善农村经济的“双层经营”体制，其前提是要发展农村的“双层经济”。

7.3 集体经济与合作经济的联系与区别

农户经济的发展，特别是在那些原来集体经济薄弱、实行“包干到户”后集体没有多少经济实力的地方，农村实际上就变成了只有农户经济这一层经济。那样农村是否就回到了农民“单干”的路上去了呢？前一段时期，有些地方为了解决这一问题，强调要发展集体经济，采用了向农户收回部分承包地、增加收取提留款甚至将农户的私营企业、自有资产等变相收归集体等办法，以“增强集体经济的实力”，这理所当然地遭到了农民的抵制，因为这是在走财产“归大堆”的老路。

那么应当如何来发展壮大集体经济的实力呢？尤其是在那些集体经济组织底子薄，除了承包出去的土地外，再没多少集体资产的地方，应当如何来发展壮大集体经济的实力呢？其实，办法是现成的，那就是走合作经济的道路。

在过去的很长时间中，我国理论界一直把社会主义条件下的合作经济与集体经济看作是同一概念。但实际上，这两者是既有联系又有区别的。区别的关键之处，在于两个方面：第一，合作经济是借助了股份的形式以社员入社的个人资产实现联合经营的，因此，它承认社员个人在合作社内的个人资产权；但集体经济则不承认在其内部还存在着个人资产权，它要求入社的社员将生产性固定资产都转为集体公有，虽然可能付给个人一定的折价款，但从此个人就失去了拥有生产资料的权力。第二，合作经济承认资产参与分配的权利，因此，对社员入社的个人资产，要付予一定的红利；但集体经济不承认资产具有参与分配的权利，因此集体经济组织内部，只承认按劳分配这一种形式。归根到底，这两种经济组织的实质性差别，在于对待个人资产权益具有完全不同的态度。也正是因为存在着这样的显著差别，因此农民害怕和抵制财产“归大堆”式的“发展壮大集体经济”，而却欢迎股份合作制。这说明，农民并不害怕个人资产的社会化联合经营，他们懂得这样做的必要性和经济合理性；但农民理所当然地抵制一切剥夺他们个人资产的组织形式，这是人们的常识应该能理解的。

共产党人和社会主义事业的目标，是要消灭私有制，其中包括农民的小私有制。但是，正如恩格斯所讲的：“我们预见到小农必然灭亡，但我们无论如何不要以自己的干预去加速其灭亡。”“同样明显的，当我们掌握了国家权力的时候，我们绝不会用暴力去剥夺小农（无论有无报偿，都是一样），像我们将不得不如此对待大土地占有者那样。”❶至于怎样引导小农向社会主义经济过渡，恩格斯同样讲得很清楚：“至于在向完全的共产主义经济过渡时，我们必须大规模地采用合作生产作为中间环节，这一点马克思和我从来没有怀疑过。”❷需要特别强调的，是恩格斯所说的关于“采用合作生产作为中间环节”这个论述。所谓“中间环节”，指的是分散的、建立在小私有制基础上的小农经济，与大规模的、建立在公有制基础上的现代经济组织之间的一种中间状况或中间形式，而不是指对小农改造的最终结果。毛泽东也有过同样的论述，他说：“在农民群众方面，几千年来都是个体经济，一家一户就是一个生产单位，这种分散的个体生产，就是封建统治的经济基础，而

❶ 恩格斯著：《法德农民问题》，《马克思恩格斯选集》（第4卷），人民出版社1972年版，第310页。

❷ 恩格斯著：《致奥古斯特·倍倍尔》，《马克思恩格斯全集》（第36卷），人民出版社1975年版，第416页。

使农民自己陷于永远的穷苦。克服这种状况的唯一办法，就是逐渐地集体化；而达到集体化的唯一道路，依据列宁所说，就是经过合作社。”[1]这里，毛泽东清楚地阐明了合作经济与集体经济的前后继起的关系，说明了这两种经济组织是既有联系又有区别的。

因此，从事物的发展过程来说，合作经济是把农民小私有制的消亡看作是自身运动的结果的，而集体经济（至少在我国和苏联是如此）则是将铲除农民的小私有制，作为自身运动的起点的。因此，合作经济与集体经济之间既有联系，又有区别，它们分别属于社会主义经济发展的不同阶段，这一点，应该是很清楚的。很明显，在允许多种经济成分并存的社会发展阶段，我们必须大力发展承认个人私有产权、承认资产具有一定的参与分配权利的合作经济，如果不承认上述两点，那么农民只会困守在维护他的自有资产权益的基础上，走发展个体和私营经济的道路，除非再来一次农民资产的“归大堆”，再来一次剥夺农民，但那将造成农村生产力的极大破坏。

承认合作社社员入社资产的个人产权、承认资产具有一定的参与分配的权利，就必须借助股份这种集聚分散的社会资产的方式。全世界的合作经济都是这样做的。应该强调，股份制企业（即有限责任公司和股份有限公司）与合作制组织，确是存在着原则性的差别的，这主要表现在：①股份制企业在决策重大问题时，是按股投票，因此有控股权实际就有决策权；合作制企业实行一人一票，与入股资产的多少无关。②股份制企业中股东的收入就是资产的收入，即股金分红，股金的

[1] 毛泽东著：《组织起来》，《毛泽东选集》（第3卷），人民出版社1964年版，第934页。

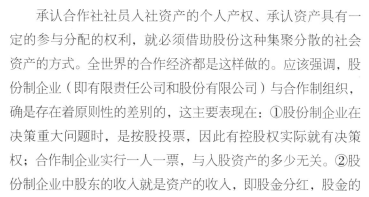

回报率是股东们考虑问题的基本出发点；合作制企业中，股金分红的比例受到严格的限制，它不是合作社中收益分配的主要形式。③股份制企业中股东不能退股，只能按一定的规则转让股份；合作制企业中社员在退社时可以抽回他入社时的股份，但不能分割、带走属于合作社积累的共同资产。尽管存在着上述差别，但股份制企业和合作经济组织都借用股份这种形式，这一点是相同的。在很长一段时期中，我国理论界一直有一个观点："股份制是资产的联合，合作制是劳动的联合"，这里我们不全面评论这个观点，而只想指出：说合作制只是劳动的联合是片面的，仅有劳动的联合，是不能形成现实的生产能力的，因此，合作制也要借助股份形式来实现劳动者的资产联合，否则合作社就不可能有实现联合经营的物质基础。应该说，这个观点，实际就是受集体经济不承认内部有个人资产权益的影响的产物，它对于健康地发展我国的合作经济是不利的。

农民没有个人的资产，发展合作经济当然无从谈起。现在有了农户经济这一层次，就为合作经济的发展创造了条件。但合作经济能否发展起来，还取决于别的因素。其中最主要的是两个方面：一是生产发展的必要性，即生产是否已进入了商品经济的阶段。如果仍停留在以自给性生产为主的阶段，那就只需要变工、插犋等互助形式，而并不需要合作组织。因为合作组织是小商品生产者联合起来抵御市场风险和大资本盘剥的一种手段。因此，商品经济的发展，是合作社产生的前提。二是能否保障入社社员个人资产的权益。如果入社就意味着财产"归大堆"，意味着失去个人资产权，那么人们必然对合作社退避三舍。所以只作保障社员个人资产权益的承诺是不够的，还必须找到一种可以切实保障社员个人资产权益的具体形式，这就是资产的股份形式。股份形式的借用，是合作社产生的物质基础。在我国绝大多数地区的农村，上述的两个条件都是存在的，因此，才会有近年来股份合作制经济迅速发展的局面。我们必须在认真吸取历史教训的基础上，尊重农民个人资产的权益，彻底摈弃通过资产“归大堆”来“壮大集体经济”的思路，切实运用合作制的原理，来发展、壮大经济的实力。

合作制的原理中，最重要的原则有四条：①入社自愿、退社自由的自愿原则；②一人一票制的民主原则；③保存但限制股金分红的比例，即不以股金分红为主的分配原则；④将利润的一部分转化为不可分割的集体公有资产的积累原则。因此，保障农民个人资产权益的合作制，与发展壮大集体经济的实力并无矛盾。只要合作社经营得好，属于合作社的公共积累就会逐年增加，而社员如有退社，他只能抽回他入社的股份资产，却不能分割、带走合作社积累起来的集体公共资产。谁退社，谁在经济上就会实际受损失，因为他再也不能享受合作社公共资产所给他带来的收益与福利。这样，合作社经营得好，公有资产的实力就强，对社员的吸引力和凝聚力也就大，合作社本身也就越巩固。这是我们在现实基础上必须选择的逐步发展壮大集体经济实力的道路。

7.4 农村经济组织制度建设的展望

正如经济组织形式的变化会引起财产关系的变化一样，财产关系的变革，也同样会引起经济组织制度的重大变化。我国农村目前仍处在财产关系进一步变革的阶段，因此在经济组织的制度建设方面，存在着不完善、不成熟的问题是难以避免的。但是，农村经济组织制度建设的若干大的趋势，应该说，目前已初见端倪。对此，我们略作分析。

一、农村经济组织制度的建设，必须以清晰产权为基础

从最基本的趋势来看，农村经济组织制度的建设，必须以清晰产权为基础，这无论是对于农户的个人资产，还是对于已经形成的集体公有资产，都是一样。在我国农村经济组织和经营形式的变迁过程中，既出现过侵蚀农户私产的现象，如从高级社到人民公社过程中将农户自有生产资料公有化的问题；也出现过侵蚀集体公产的现象，如人民公社初期的“共产风”和“一平二调”，以及实行“包产到户”之初，一部分地区也出现过的“分产”现象。这些现象都不同程度地损害了农村的生产力。因此，讲经济组织而不讲清晰资产权益，就必然会导致侵蚀别人的资产权益，挫伤生产者积极性的后果。

二、社区性合作经济组织的综合性趋势

原社区性集体经济组织之所以缺乏活力，除了体制上的政社合一、大环境中的农产品统派购制度和内部管理的大锅饭、平均主义等原因外，还有一个重要的制约因素，就是经济流程的不顺。我们都知道，价值是在生产领域中创造的，而价值又是在流通领域中实现的，合作经济这种制度之所以会产生，主要的原因之一，就是小商品生产者如果自己直接进入流通领域，成本太高；如果将产品交中间商销售，又受到过重的盘剥，因此才发展了合作经济这种制度，使小商品生产者组织联合经营，实现自我服务，以抵御大商业资本的盘剥。因此，在国外，农民的合作经济组织，往往是看重于流通领域和金融领域。在我国，农民的供销合作和信用合作尽管发展得也比较

早，但因经济体制和政策环境等因素的作用，农村供销社和信用社，在经济运行和经济流程上，实际早已脱离了农业的生产合作系统，而演变成了政府商业和金融部门在农村的基层机构，结果使得原本应该一体化的农村生产、供销、信用这三大合作系统，变成了只有单一的农业生产领域的合作还算是属于农民的，而供销和信用方面的合作组织，早已改变性质，不属于农民了。

供销和信用合作系统性质的改变，是对农民经济权益的严重侵犯。另外，供销和信用合作与农业生产合作的分离，改变了农村合作系统内部的经济流程，又造成了生产领域的合作缺乏经济支撑的严重后果。供销、信用和生产领域的合作，之所以必须有机地联系在一起，就是因为生产领域所创造的价值，是在流通（包括金融这个一般等价物的流通系统）领域中实现的。与农业相比，商业和金融业是竞争性更强的行业，以商业和金融业的利润，对农业进行经济上的支持，这样才能使农业具有活力。日本的农业之所以能较早地实现现代化，就是因为日本农民的合作经济组织——日本农协，是一个综合性的合作组织，它融生产、流通、加工、信用的合作于一体，并将流通、加工、信用合作中的利润，大量返还给农业，因此才促进了农业的技术进步和农业生产领域合作的发展，才使得农协对日本农民有巨大的吸引力。而我们的做法却恰恰相反，把农民的合作仅仅局限在无利可图的农业生产领域，把可以产生较高利润的流通和信用领域的合作，实际上收归了国有，这就切断了农村合作组织系统内部利润返还农业的经济流程，使农业生产领域的合作失去了必要的经济支撑，也使农业生产领域的合作失去了对农民的吸引力。

应该看到，这种使供销、信用的合作与农业生产领域的合作相分离，并使供销、信用合作社实际上变成政府商业和金融部门附属物的制度安排，是为实行农产品统、派购制度，以及实现从农村抽取国家工业化所需的积累资金服务的。现在，农产品的统派购制度已经基本取消，靠农业来为国家工业化提供积累资金的发展阶段，也应该到了结束的时候。因此，必须尽快设法恢复农村合作组织的综合性，重新使农村的农业生产、供销和信用合作联成一个有机的整体。这不仅有利于通过农民的综合性合作经营来加强农业，也有利于使合作组织自身对农民产生更强的吸引力。供销社和信用社的改革，如果迟迟不能使自身重新回到农民的怀抱，那么农民必将重建自己的供销和信用合作系统。近年来，农村流通领域的新的专业合作组织、农村集体经济组织的合作基金会等如雨后春笋般地迅速崛起，本身就说明了社区性的合作组织朝着生产、供销、信用一体化、综合化的方向发展，是农村经济发展的必然的规律，对此，我们应该及早地作出制度安排，以明确的政策加以引导和逐步规范。

三、专业性的合作将朝着跨社区、跨所有制的方向发展

综合性的社区合作和跨社区的专业性合作，并不是对立的，而是相辅相成的。在商品经济不断发展的条件下，生产要素和劳动产品的跨社区流动是不可避免的，因此，光有社区性的综合性合作经济组织，仍是不能满足农村经济发展的要求的。尤其是在经济、技术的服务领域，跨社区的、多种所有制联合的专业性合作组织，将具有极强的生命力。近年来，农村已经涌现了大量的这类农民经济联合体和各类专业协会。专业合作和社区合作的共同发展，使农民在加入合作组织的选择上

具有更多的机会。一个专业合作组织可以同时吸收许多村、乡的农民加入，而一个农民也可以同时加入几个专业合作组织，这无论是对于保障农民的民主权利，还是对于合作组织的健康发展，都是大有好处的。因此，我们应当像关心和支持社区性合作组织一样来关心专业性合作组织的发展，使农村的经济组织形式更加多样化，以方便农户的生产，活跃和繁荣农村经济。

8. 农业市场制度建设

农业市场制度建设，甚至是比农村微观组织制度建设更为重要的一个内容，因为市场将在资源配置和价格形成中起基础性的作用。因此，市场的运行方式对微观经济的组织及其运行，都将产生至关重要的影响作用。我国农村，由于长期实行农产品统派购、生产资料计划分配，以及土地使用权和劳动力等不许自由流动的高度集中的计划经济体制，因此，在相当长的时间中，实际上只存在着对农业的计划调节，而不存在着农业的市场调节。从这个意义上讲，农业的市场制度建设，首先，是政府对农业管理方式的转变，即首先要转变政府行为；其次，是长期不接触市场的农村经营主体逐步对市场的适应，也需要转变他们的行为方式；再次，还有市场本身的一系列建设问题，如市场设施的硬件建设，市场规则、市场组织及市场信息网络等软件的建设；最后，由于自然规律对于农业的影响和制约，使农业与其他产业相比较，具有劳动生产率提高较慢、生产波动又较大的特点，因此，由政府运用财政手段，来建立农业的生产支持体系和市场安定体系，这同样也是农业市场制度建设的有机组成部分。我国的农业，从基本与市场隔绝，到建立起完备的市场制度，显然需要经历一个艰难而又曲折的过程。

8.1 利用“双轨制”、走出“双轨制”——我国农业市场制度建设的渐进式过程

农产品品种繁多，政府原来对各类农产品有着各不相同的管理方式，而不同的农产品又有着自身特有的流通规律。我们主要以最基本的农产品——粮食为例，来分析农产品的市场建设问题。

我国粮食购销体制的改革，是以引入价格的“双轨制”开始起步的。其实，价格的双轨制历来就有，只是计划外由市场定价的部分微乎其微，对整个粮食的购销体制和价格形成不起作用而已。根据党的十一届三中全会的决定，从 1979 年夏粮上市起，政府对粮食实行减购提价的措施，即全国粮食征购指标在原定“一定五年”的基础上，减少 50 亿斤，而粮食的统购价格则提高 20%，超购部分在这个基础上再加价 50%。尽管这还仅仅是个价格调整性的措施，但由于它和农业的家庭联产承包制结合在一起，因此对于粮食的产量增长，起了极大的刺激作用。而粮食产量的增长，为粮食购销和价格实际上的双轨制，提供了可能。因此也可以说，我国粮食购销和价格的双轨制，实际起自 1979 年。

表 8-1 的数据显示出，非计划定价的国营、合作商业粮食收购量中的议购（议价收购）数量，以及农民对非农民粮食零售量，1979 年一下子比 1978 年增加了 267.6%，这两部分粮食占社会粮食收购总量的比重，从 1978 年的仅占不到 5%，一下子上升到了 11.3%，而到 1982 年以后，这两部分粮食就已上升到社会粮食收购总量的 20%以上。因此，可以说粮食购销和价格的双轨制，实际上在 20 世纪 80 年代初就已经形成。从

表 8-1 粮食购销渠道的变化情况（1978—1983 年）

项目 年度	社会粮食收购总量（亿斤）	非计划定价的国营、合作商业粮食收购量（亿斤）	国合议购*（亿斤）	农民对非农民粮食零售量（亿斤）	国合议购和农民对非农民售粮占社会收购量（%）
1978	1038.5	1014.5	26.6	24.0	4.9
1979	1201.9	1151.4	95.4	40.0	11.3
1980	1225.8	1141.4	168.0	62.0	18.8
1981	1369.1	1264.7	195.3	72.0	19.5
1982	1561.1	1441.7	292.7	85.0	24.2
1983	2049.7	1934.7	327.1	90.0	20.3

资料来源：据国家统计局编：《中国贸易物价统计资料》，中国统计出版社 1984 年版。

*国合议购指非计划定价的国营、合作商业粮食收购量中的议价收购数量。

1979 年到 1984 年，粮食的收购，对于农民来说，实际上存在着三个价格，一是政府制定的统购牌价；二是完成统购任务后政府继续收购时定的超购加价，它比前一个价格高出了 50%；三是由市场决定的粮价，在当时情况下，它通常都高于政府制定的超购加价。但从价格的形成机制来说，粮食收购还是两类价格，一是政府定价；二是市场定价。收购和价格的双轨制，对农民增产增售粮食的激励作用是十分明显的：只要完成统购任务后还能向政府交超购粮，同样的一斤粮，就可以多得 50% 的价钱；如果超购任务也完成，还能有粮向国合商业卖议价，或是直接拿到集贸市场上卖，那同样一斤粮，可以卖得比超购加价还要高的价钱。这实际上对粮食的生产和收购采取的是一种“边际价格调节法”，即当农民出售的粮食达到一定的数量后，收购价格就提高一个档次，再达到一定的数量后，价格就又提高一个档次。这样，为实现按最高的价格水平（当时是市场价）出售粮食，农民就必须多增产、多销售粮食。于是，粮食的生产总量和社会收购总量都迅速地增加了，长期困扰经济工作的粮食供求关系紧张的矛盾，也较快地得到了缓解。

但上述所说那一阶段的粮食购销和价格的双轨制，还是在供求关系缓和后自然形成的结果。而真正作为一种制度安排所实行的粮食购销和价格的双轨制，则开始于 1985 年。1985 年中共中央、国务院“1 号文件”正式出台了改革农产品统派购制度的政策，提出要“在国家计划指导下，扩大市场调节”。对于粮食，决定取消统购，改为合同订购。定购的粮食，国家确定按“倒三七”比例计价（即三成原统购价，七成原超购价）。定购以外的粮食可以自由上市。如果市场粮价低于原统购价，国家仍按原统购价敞开收购，保护农民利益，这样，就形成了正式的粮食收购和定价的双轨制体制，即粮食商品总量中的一部分，其收购数量、收购方式和收购价格，均由政府确定；而粮食商品总量中的另一部分，它的收购数量、收购渠道和收购价格，则均由市场的供求状况来确定。对于粮食收购和价格的双轨制，农民形象地称之为“稳一块、活一块”，即政府的收购量和价格，是“稳”的，而市场的收购量和价格则是“活”的。在与粮食实行“双轨制”的同时，生猪、水产品和大中城市、工矿区的蔬菜等副食品，也按中央 1985 年“1 号文件”的有关规定，逐步取消了派购制度，允许自由上市，自由交易，随行就市，按质论价。因此，可以说，1985 年在我国农产品购销体制和价格体系的改革方面，是具有重大意义的一年。

当然，粮食收购和价格的双轨制，也有其本身的弊病。如在政府的合同订购价低于市场价时，粮食收购合同的兑现就比较困难，政府希望“稳”的一块就“稳”不住。“双轨制”只改了粮食收购方面的价格，却始终没改粮食销售价格，尤其是政府粮食部门对城镇居民口粮销售的价格，使得政府粮食经济中的购销价格倒挂问题越来越严重，以致使政府对粮食价格的财政补贴日渐沉重，而政府粮食部门的政策性亏损与日俱增。由于同样的粮食存在着两种不同的价格，两种价格之间的价差的诱惑，助长了粮食系统中的违法乱纪、投机倒把现象，使粮食工作的管理出现了一定程度的混乱，而政府给粮价的补贴及农民应得的好处从各种非法渠道流失。因此，从计划经济体制下的粮食购销和价格体制，转向以市场调节为主的粮食购销和价格体制，采用“双轨制”作为过渡环节，尽管是极为必要的，但显然，“双轨制”不能变成一种稳定的制度。“双轨制”持续的时间越长，它的弊病就越突出，时间长了，它的弊端甚至有吞没它本来具有的积极意义的危险。

因此，随着粮食供求形势的新变化，从 20 世纪 90 年代初开始，粮食购销体制和价格形成机制的改革，又迈开了新的大步，开始了促使粮食购销和价格走出“双轨制”，逐渐向以市场调节为主的“单轨制”方向转变的过程。

1990 年 9 月，针对当时粮食获得特大丰收，市场上粮食供过于求、价格下跌的问题，国务院及时制定了粮食收购最低保护价和建立调节市场的专项粮食储备制度，使政府运用经济手段调节市场粮食供求和价格波动的能力，得到了增强。

1991 年 5 月，国务院决定提高城镇居民定量内口粮销售的价格，平均销价一次提高 67%；1992 年 4 月，国务院再次决定提高城镇居民口粮销价，平均销价又提高了 43%。两次提价，使城镇居民的口粮销价提高了 120%左右。提高城镇居民口粮销价的措施，不仅缩小了粮食价格的购销倒挂，更主要的是缩小了粮食的牌市价差，这就为粮价的放开创造了重要的条件。

1992年年初，国务院同意采取以“分区决策、分省推进”的方式来进一步促进粮食购销体制和价格改革，允许各地根据当地的实际情况，来决定放开粮价的时机和方式。同年3月，广东省率先宣布了放开粮价，到同年年底，全国宣布放开粮价的县（市），已占总数的30%以上。到1993年5月底，宣布放开粮价的县（市），已超过总数的95%。虽然各地宣布的放开粮价，其内容各不相同，尤其是1993年的粮食合同收购价格，大多也没有达到当地市场价格的水平，但总的来看，粮食的购销体制和价格，已经到了“走出双轨”的临界点，只要进一步加快农业的市场制度建设，真正地走出双轨，必定是为期不远了。

实践证明，采用“利用双轨、走出双轨”的渐进式粮食购销体制和价格的改革过程，是符合我国的国情、国力以及政府管理部门、农民和城镇居民的适应能力的。因此，在整个改革过程中并未引起社会震荡，也未损害粮食的生产能力。在即将转向以市场调节为主的单轨制时，我们面临的一个重大问题，就是如何既保护农民利益也保护消费者的利益，在保证粮食持续稳定增长的前提下，使粮食的市场供求和价格波动能够被控制在合理的范围之内。显然，这将是粮食市场能否完善起来的关键性环节。

8.2 农业市场化与政府对农业的保护和对农产品市场的调控

市场在资源配置中起基础性作用、价格主要由供求关系来决定，这是市场经济体制的基本特征。农业走进市场经济，当然也必须遵循市场经济的这个基本规律。

从农业内部来看，遵循市场经济的规律来组织生产，显然能够提高农业的经济效率。价格的波动变化，将市场对各种农产品需求变化的信息传导给农民，农民根据这种信息调整生产的资源配置，这就可以使农业的生产更加符合市场对农产品的要求，使农业更好地提供市场最需要的农产品。这样，资源就能得到比较充分的利用，产品的价值就易于实现，因此生产的经济效益就比较好。但这只是就农业内部的优化资源配置角度来说的。如果将农业和社会生产的其他部门联系起来看，情况就会变得复杂化。在市场经济体制下，社会各经济部门都遵循市场经济的基本规律。这样，在社会范围内，必然出现这样一种趋势：各类生产要素在社会经济的各部门之间自由流动，而要素的流向，必然是朝着经济效益好，即利润率高的部门流动，这是资源有效利用的客观规律所决定的。于是，所谓的市场竞争，实际上就演变为社会各经济部门、各企业之间对社会经济资源、对生产要素的竞争。毫无疑问，哪个部门、哪个企业的经济效益好，它就在竞争中可以得到更多的经济资源。这对实现全社会的资源优化配置显然是有利的。

但各经济部门的社会功能是不一样的，有些经济部门的存在，并不是由于其自身的经济效益高，而是社会经济的发展所必然要求的，没有这样一些部门的存在，其他的经济部门就不可能获得较高的经济效益，甚至整个社会经济都不可能安定地正常运转。农业就是这样一个自身经济效益较低、而社会效益较高的部门。农业自身的经济效益较低，主要是两方面的因素所决定的。一方面是农业受自然规律的影响特别大，这种自然规律的影响，不仅表现在自然环境的影响方面，如光、温、水、气的变化等方面，而且表现在农业的劳动对象——动植物本身的生命活动的规律方面。正像马克思所分析的那样："按照事物的性质，植物性物质和动物性物质不能以像机器和其他固定资本、煤炭、矿石等那样的规模突然增加，因为前二者的成长和生产必须服从一定的有机界规律，要经过一段自然的时间间隔，而后面这些东西在一个工业发达的国家，只要有相应的自然条件，在最短时间内就能增长起来。"[1]这里讲的是动植物本身的生命活动规律是如何制约着农业生产，从而使农业不可能像工业那样迅速地提高劳动生产率。恩格斯则从另一个侧面分析了农业与工业的区别："对自然界的统治的规模，在工业中比在农业中大得多，直到今天，农业不但不能控制气候，还不得不受气候的控制。"[2]因此，农业生产受着双重的自然规律的制约，即环境和气候的规律以及动植物生命活动的规律，这就注定了农业不能像工业那样可以较快地提高生产效率。

另一方面的制约因素，则是农业在社会经济发展战略和经济政策环境中所处的地位。因为农业不能像工业那样迅速地提高生产效率，不能像工业那样对经济的增长起到直接的、明显的推动作用。因此，在人们基本解决了温饱问题之后，往往会忽视农业的经济地位，这在绝大多数国家开始走向工业化时，几乎是共同存在的规律性的问题。农业的地位，往往总是随着它在国内生产总值中的份额下降而下降，因此，农业中存在的经济、技术矛盾，也往往总是不如其他高效率部门那样解决得

[1] 马克思著：《资本论》（第3卷），《马克思恩格斯全集》（第25卷），人民出版社1974年版，第135页。

[2] 恩格斯著：《反杜林论》，《马克思恩格斯选集》（第3卷），人民出版社1972年版，第214页。

快。而我国的以重工业为主的经济发展战略，则尤其严重地损害了农业的地位，它将农业的剩余资金抽走作为工业化的积累资金，而将农业中的劳动力留下并不允许其流向其他部门，这就更注定了农业的效率难以提高。

上述这两方面因素对农业的影响，决定了农业在国民经济的运行中，具有两个显著的特点。第一，农业难以在平等的基础上，与国民经济的其他部门竞争资源，因此它属于非竞争性部门；第二，农业的生产过程，亦即对社会而言的初级农产品的供给状况，波动性往往大于一切受自然因素影响小的产品。正是这两个特点决定了，在农业进入主要由市场来调控其生产的过程之后，政府必须建立有效的农业生产支持系统和农产品的市场安定系统，以弥补市场在调控农业中的缺陷。

一、政府的农业生产支持系统

政府建立农业生产的支持系统，其目的绝不是要以行政手段去扭曲甚至取代市场规律，而是为了帮助农业，使其获得能与其他经济部门平等竞争资源的基础条件。政府的农业生产支持系统通常应当包括以下几方面的内容：

1. 农业大型基础设施的投资和兴建

大江大河大湖的治理，大型骨干水利工程的兴建等，都是改善农业生产条件的重要手段。这些与农业密切相关的基础设施建设，由于投资规模浩大，受益地域广阔，牵涉的利益关系比较复杂，因此，必须由政府财政在预算内拨款才能兴建。《中华人民共和国农业法》规定的“国家财政每年对农业总投入的增长幅度应当高于国家财政经常性收入的增长幅度”，就是要求中央政府逐年增加对农业的资金投入，以确保农业生产的不断改善和农业增长后劲的加强。

现代农业越来越离不开化肥、农药、农用塑料薄膜、农业机械和燃油、电力等工业性投入品。因此，加快农用工业的建设，也是加强农业基础设施建设的一个重要组成部分。农用工业和农业一样，也是一个主要为了社会利益而生产的部门，因此，政府在经济上，也要对农用工业给以特殊的支持，使其增强竞争资源的能力，使其能够获得工业部门的平均利润率。否则，农用工业的萎缩，将使农业受到直接的危害。

总的来说，我国政府目前对农业的投资水平并不高，每年对农业的基本建设投资，只占国民经济各行业基本建设投资总额的3%~4%（参见表8-2），这与目前农业在国内生产总值中所占20%左右的份额，是很不相称的。因此，政府一定要努力调整财政投资的结构，切实增强对农业的投入。

表8-2 农业在国民经济各行业基本建设投资中的比重

（单位：亿元）

年度	全国各行业基建投资总额（亿元）	农业基建投资总额（亿元）	农业投资占全国各行业投资总额的比重（%）
1985	1073.37	35.91	3.3
1988	1574.31	47.46	3.0
1989	1551.74	50.65	3.3
1990	1703.81	67.22	3.9
1991	2115.80	85.00	4.0
1992	3012.65	112.70	3.7

资料来源：《中国统计年鉴》（1993）。

2. 建立农业政策性金融机构，保障农业资金的基本需求

在农业的比较利益偏低的情况下，农业部门争取各项资金都存在着较大的困难，致使农业中许多该办的事没钱办。为了保障农业基本的资金需求，各级政府都应建立必要的政策金融机构。所谓政策性金融，就是为达到一定的社会目标而特别设立的由政府财政作支持的金融活动。政策性金融的运作方式，通常是在政策金融机构与商业金融机构业务分开的前提下，由政府确定政策性金融支持的项目性质和范围，并由政府财政对政策性金融的信贷业务给予一定的利息补贴，从而或者使政策性金融机构能以较低的价格（另加财政的贴息）组织到资金，或者使政策性金融的资金使用者，能以较低的利率（另加财政的贴息）使用信贷资金。这样，通过政府财政对政策性金融的利息补贴，就可以使政策性金融机构及其资金的使用者，在争取资金要素的竞争中，与其他部门和企业具有大体相当的能力。政策性金融不是政府财政的直接投资，它是通过财政贴息的办法来组织和使用社会资金，因此，使用较少的财政资金，就能调动较多的社会资金流向非竞争性部门。财政资金在这里起到了“四两拨千斤”的作用，能取得较明显的调节资金流向的作用。正因为如此，我国应当尽快地组建农业的政策性银行，以保证农业对资金的基本需求。

政策性金融本身的业务也是一项政策性极强的工作，它不仅要求政策性银行认真贯彻为农业服务、不以盈利为目的的宗旨，而且，确定政策性金融支持的项目性质、范围时，也必须严格按政策的规定办理。随意扩大政策性金融业务的范围，不仅起不到优化社会经济资源配置的作用，反而还会扭曲要素价格，造成不平等竞争和金融秩序混乱等严重后果。

3. 支持农业科学技术的进步和农业科技成果的推广

现代农业与传统农业的最大区别之一，就在于推动技术进步的方式不同。在传统农业中，技术的进步是靠农民在生产实践中逐步积累的，因此它的技术进步速度缓慢；而在现代农业中，技术进步是靠专业的农业科学家从事科学研究来推动，因此它的技术进步速度要快得多。目前，农业的增长中，技术进步所起的作用越来越大，因此，农业的科研工作，也应当而且必须被看作是农业基本建设的重要内容之一。我国人口众多，人均农业自然资源相对稀缺，随着经济和社会的发展，耕地还在逐年减少，因此，要使我国的农业能满足社会发展的需要，从根本上说，只有依靠农业的技术进步。农业的科研工作，其中有大量的是关于动植物生命规律的研究，这种研究本身也受到动植物生命活动周期的制约，如一个新品种的产生，往往需要十几年甚至几十年的时间。因此，农业科研项目具有投资大、周期长的特点。当然，在农业上，一项科研成果的产生，一项技术的新突破，所取得的收益也是极大的。但由于农业是一个强调社会效益的部门，农业自身的生产特点也决定了农业技术成果的专利性较差。因此，尽管农业科研的成果可以带来巨大的经济效益，但这种效益是属于全社会的，而农业科研部门则很难收回自己的研究成本。以上各方面的特点，都决定了农业科研部门应是政府财政重点支持的领域，而缺乏财政支持，农业科研部门如主要依靠自身的“创收”，就会越来越忽视基础性的研究，久而久之，就会使农业基础科研的成果储备不足，造成中长期农业技术的进步乏力，这对农业的持续稳定增长，将是一个很大的潜在危机。

我国的农业经营，规模细小、高度分散、自给性比重高，因此，单靠商业性的农业技术推广是不够的，必须建立由各级政府财政支持的强大的农业技术推广网络，才能使已有的科研成果及时地进入家家户户，尽快转化为经济成果。农业技术推广体系的运行机制当然也需要改革，但是，政府必须意识到，农业技术推广后的经济效果是社会性的，因此，简单地将农业技术推广系统推向市场，使其成为经营性的机构，是会妨碍农业技术在我国农村的尽快推广的。

总之，农业的基础设施、农业所需要的资金、农业的技术进步这三个方面，无论是在计划经济体制下还是在市场经济体制下，政府都必须承担起应有的责任，否则，农业的基础地位是难以巩固的，农业的持续、稳定增长也是不可能的。

二、政府的农产品市场安定系统

建立政府的农产品市场安定系统的必要性，在于农业是一个既受市场风险又受自然风险影响的产业，因此农产品的供给波动往往大于一般的产品。而绝大多数农产品，如粮食等，又是人们日常生活的必需品，它通常都有着比较稳定的需求量。于是，就产生了波动较大的农产品供给与相对稳定的农产品需求之间的矛盾。为使这种矛盾控制在一定的程度之内，不使其尖锐化而引起整个经济生活的波动和社会心理的不安，政府就必须建立基本农产品（其中特别是粮食）的市场安定系统。一个完整的粮食市场安定系统，是由以下三个主要环节组成的：

1. 粮食收购的最低保护价制度

这个制度实际起着两方面的作用。首先，它起到提前向农民公布粮食需求信息的作用。政府制定的粮食收购最低保护价格，并不见得一定会使用，因为当粮食的市场价格高于保护价时，保护价就不用实行。但政府是根据粮食生产的成本变动和市场对粮食的需求状况，来制定保护价，并于粮食播种前公布的。因此，政府定的粮食保护价比较高时，农民就可以知道市场对粮食的需求增加了，或是目前的粮食供给量不足，就可以扩大粮食生产，以增加供给；反之，政府公布的粮食保护价比较低，农民也可以知道市场上的粮食是供过于求，就要适当地调减粮食生产。这样，通过公布保护价，就实现了对粮食生产的提前调节。其次，保护价起到保护农民利益，防止粮食生产大起大落的作用。粮食是分散生产的大宗农产品，受气候因素的影响又比较大，因此，客观上是不可能做到每个年度之间都供求平衡的。遇到大的丰收年，粮食供给量激增，超过市场需求后，市场粮价就会下跌。如粮价跌幅过大，农民的利益受到严重损害，第二年的粮食生产就会大幅度缩减，这就又会造成第二年粮食供给的减少和市场粮价的陡涨。因此，当市场粮价跌至政府规定的保护价水平之下时，政府就要按公布的保护价收购农民的粮食，使市场粮价回升，以保护农民的经济利益和控制第二年粮食生产缩减的幅度。

2. 调节市场的专项粮食储备制度

粮食储备各国都有，历来都有。但储备粮往往是各有各的用处。如粮食经营部门的储备粮，主要是用于周转的，它的主要功能是保持粮食的销售“长流水、不断线”，以避免因特殊原因引起的粮食销售突然断档。而粮食的战略储备，则是“备战备荒”用的，它主要是为了应付大规模的战争和波及面很大的自然灾害，粮食的战略储备年年“推陈储新”，但其总量必须保持稳定并逐步有所增加。而调节市场的专项粮食储备，则是专用于调节粮食的市场供求和平抑粮食的价格波动的。有了调节市场的专项粮食储备，政府对粮食市场的供求和价格波动就有了吞吐调节的手段。当市场上粮价过低时，政府的粮食专储系统就按国家规定的最低保护价买进粮食，使其转入储备，以减少市场上粮食的供给量，促使供求平衡，粮价回升；当市场上粮价过高时，政府的粮食专储系统就要动用储备粮，向市场上按合理价格抛售粮食，以增加市场上的粮食供给，促使粮食供求平衡，粮价回落。通过专项储备系统的吞吐调节，把市场粮食价格的波动控制在合理的范围之内，既保护农民的利益，也保护消费者的利益。

3. 建立粮食市场风险基金

从一个较长的时间区段来看，由于市场调节粮的专项储备及其吞吐调节，是在市场粮价低于保护价时才“吞”，而当市场粮价回复到高于保护价时，就停“吞”，因此，它吞进的是低价粮；它又是在市场粮价过高时才“吐”，“吐”到市场粮价降到合理水平时就停“吐”，因此它吐出的是高价粮。因此，连续几年统一核算，这种吞吐调节可能并不是“亏本买卖”。但是，一是有的时候，会发生连续几年都要“吞”的情况，如1990年、1991年、1992年就连吞了3年；二是有时“吞”进后，连续几年也不需要“吐”，在这种情况下，粮食专储系统就会占用大量资金，并使仓储成本大幅度上升。因此，为了保证粮食专储系统的正常运行，政府必须以财政资金来设立“粮食市场风险基金”。在需要大量以最低保护价“吞”进粮食时，就要动用“粮食市场风险基金”，以它作为利息补贴，向农业政策性银行贷款进行收购；在连续几年“吐”不出储备粮时，也要用“粮食市场风险基金”来向银行结还利息。当然，当粮食专储系统因“吐”粮而获得收益时，收益也必须划归“粮食市场风险基金”。政府财政必须根据实际需要的专储粮数量，来确定风险基金的总额，并在动用风险基金后，要及时补足，以备不测之需。国务院已于1992年年底研究决定，将粮价放开后中央和地方财政减下来的粮食加价、补贴款全部用于建立“粮食市场风险基金”。这样，我国的粮食市场安定系统就逐渐开始完备。“粮食市场风险基金”是最低保护价制度和吞吐调节手段的财力基础，没有这个财力基础，保护价和吞吐调节就都只能成为画饼而无实行的可能。

一般来说，粮食市场的放开程度，必须与政府调控粮食市场的能力相适应。因此，放开粮食市场，是一件功夫在外的事情，宣布放开的话简单，而建立和完善粮食市场的安定系统却是一件十分复杂的事。因此，真要想放开粮食市场，就要把功夫下在建好粮食市场的安定系统上，否则，遇到大的市场波动，搞不好放开了的市场还不得不退回去，再重新被“统”起来。

8.3 农村市场制度建设的展望

农村经济体制的改革已经历时 15 年。15 年来，农村经济的市场化确有极大的发展。但这主要是相对于原来的农产品统购统销制度和农村生产要素不能自由流动的政策限制而言的。前一阶段农村市场的发展，主要表现在由市场定价和自由交易的产品品种与数量的增加、新流通渠道的增加以及集市贸易市场数量的增加等这样几个方面。应该说，这几方面的发展，主要都是政府放松了对农产品流通领域的严格控制，而出现的直接结果。现在，仍然由政府直接控制购销和价格的农产品，已所剩无几，因此，继续沿着靠政府的“放”，来扩大市场调节的范围，余地已经不像以前那样大了。与此同时，现有的农业市场不能适应经济发展要求的矛盾也日益突出。因此，今后一个时期，农村流通领域的改革重点，显然应从单纯地追求对农产品的放开程度，转到加强市场的建设方面来。

大宗基本农产品的市场体系建设，应当是目前农业市场制度建设中的一个重要环节。目前，在大宗基本农产品的流通方面，一方面是政府的商业部门仍然是政企没有分开，在农产品的购销方面往往是行政手段和企业行为交替出现。农产品供求关系稍一紧张，强制性的行政手段就大量出现，而供给量稍大一点，又往往是拒绝收购和经营。这种现象加剧了农产品的市场波动。因此，必须加快政府商业部门的改革，加速它的政企分开。另一方面，一些放开经营的品种流通，大多还停留在农户—集贸市场—小商贩这一传统的链条上，它对供求双方变化的信息传递不全面、不及时，且又大多是事后调节，这也是加剧农产品市场波动的一大原因，某些产品好销时，小商贩蜂拥而来；产品不好销时，又都潮水般退去，使得农民无所适从。因此，对若干重要的大宗农产品，要特别加强批发市场体系的建没，做好市场的布局规划，形成中心批发市场、区域性批发市场和集市贸易的有机网络。市场建设，不仅要注重设施的建设，更要注重市场规则、市场组织的建设，要打破地区封锁、抑制欺行霸市，建立公平交易的市场秩序。同时，要加强对市场信息系统的建设，使市场供求和价格变动的信息发布具有全面性、及时性和权威性，以减少生产和流通的盲目性。

在农村市场制度建设中，另一个重要的方面，就是要发育和完善农村的要素市场，这包括土地使用权流动的市场、劳动力市场、资金市场、技术市场、生产资料市场等。没有要素市场的发育和完善，产品市场的大起大落将是难以避免的。

以传统的集市贸易市场为中介，建立在分散的农户与分散的城镇居民直接交换基础上的市场，其容量和作用都是有限的。因此，必须大力发展农户与市场之间的中介组织，以提高市场的组织化程度。在发育中介组织的过程中，既要注意充分发挥原有的组织的作用，如农村供销社、农村社区性集体经济组织等，也要注意扶持新的组织形式，如公司加农户，贸、工、农一体化的经济组织和各种农民的专业性流通组织。只有让高度分散的农民依靠组织的力量进入市场，才能减弱市场的风险，适应市场经济的要求。同时，也只有通过组织的传导，才能使市场信息更及时和准确地到达农民的家庭，使农业的生产更符合市场的要求。

9. 乡镇企业制度建设

乡镇企业在我国农村经济乃至整个国民经济中的重要地位和巨大作用，已经是不容置疑。农村经济的发展，乃至整个国民经济的发展，都将对乡镇企业的进一步发展寄予厚望。但是，乡镇企业的进一步发展，却也受着一系列内外矛盾的制约，而且，这些矛盾，有些正随着乡镇企业自身的发展而逐步地尖锐化。因此，在赞誉乡镇企业所取得的巨大成就的同时，必须正视乡镇企业自身及其生存、发展环境所存在的问题，以促使乡镇企业能更健康地发展。

9.1　乡镇企业发展中的双重体制障碍：社区壁垒与城乡割裂

乡镇企业是在非常特殊的环境和条件中发展起来的农村中的以非农产业为主的一类企业群体。环境的特殊性，主要表现在日渐增多的农村劳动力不允许离开他所在的社区，更不允许流动进城镇就业，而日渐减少的耕地却越来越不堪承受不断增加的农村劳动力的就业压力。正是因为有这样一种极为特殊的社会经济环境，使农村丧失了通过劳动力的流动来缓解就业矛盾的可能性，因此才产生了乡镇企业。条件的特殊性，主要表现在乡镇企业产生于计划经济占统治地位情况下的计划外空间，这既造成了计划经济管不着乡镇企业，但也造成了乡镇企业不能从计划经济中得到什么的局面。于是，未被计划认可的乡镇企业只能是靠农民自己的努力来生存和发展。在这样的环境和条件中生长出来的乡镇企业，从一开始就遇到重重的制度性障碍，当然就不足为怪了。我们这里着重要分析的，是至今（截至1992年）仍对乡镇企业的发展具有严重制约作用的两个方面的体制性障碍：社区壁垒和城乡割裂。

一、乡镇企业发展中农村社区作用的利弊

乡镇企业的最初发展，离开了它所在的农村社区的作用，是不可想象的。正如我们在前面所讲到的，乡镇企业是在特殊环境中农村劳动力就业矛盾尖锐化的产物，同时，它又不可能得到政府计划内安排的生产要素的支持。因此，乡镇企业从一开始，在兴办目标上就必须与社区利益保持高度的一致性，而在开办的投资上则必须得到社区的支持。据抽样调查的结果表明，乡、村集体组织负责人对于为什么要支持办乡镇企业的回答是：①为了增加本社区农民的收入；②为了扩大本社区农民的就业机会。而乡镇企业厂长、经理对企业创办动机的回答则是：①为了繁荣本村本乡的经济；②为了创名牌产品、提高企业的声誉；③为了扩大本地农民的就业；④为了提高本企业职工的收入；⑤为了最大限度地追求利润[1]。可见，在企业创办动机上，乡、村集体组织与企业负责人的见解，有着高度的一致性（不一致之处将在后文中分析）。其中，为了促进本社区

[1] 本章所引用的乡镇企业抽样调查数据，如不特别注明，均据原国务院农村发展研究中心发展研究所所著的《10省乡镇工业企业抽样调查初级分析》。著者分别为任其、杜鹰、邱继成、胡庄君、李国都等。北京师范学大学出版社1990年版，第265—288页。

经济发展，为了增加本社区农民的收入，为了扩大本社区农村劳动力的就业，是乡村集体组织和企业本身之所以创办乡镇企业的最主要的动机。社区和企业对于创办企业的基本动机的一致性，说明了两个基本的问题：

第一，社区经济中最为尖锐的矛盾，是农民的就业和收入问题。而在原体制的大环境下，依靠社区之外的力量（如国营工商企业、城镇中的其他经济部门等），来帮助解决这一尖锐矛盾的可能性，却始终没有形成。因此，只能在社区之内寻找农村劳动力与土地之外的其他生产资料相结合的方式，来扩大本地劳动力的就业机会，开辟农民新的收入来源。这一点，已经成为包括社区行政负责人和乡镇企业负责人在内的社区内所有人的共识。之所以会出现“乡镇企业现象”，首先是环境使然。在国家工业化过程的初期，为了寻找从农村抽取工业和城市建设积累资金的理由，我们曾向农民许诺，在建成完善的国家工业体系之后，国家的工业企业将大量从农村吸收劳动力来就业。但是，这一天却始终没有到来。不仅如此，国家的工业企业甚至连城镇的劳动力就业问题也未能解决，才有了“文化大革命”中上千万的城镇青年学生“上山下乡”的运动，许多农民当时就对这一运动称作“抢工分”，即来抢农民的就业机会和收入。正是在这样的环境和背景下，农民才意识到了城镇和工业不可能帮他们解决就业和收入问题，要解决农村的就业矛盾，只能在农村中跳出耕地这个圈子，另辟蹊径了。

第二，企业的创办，必须把最大限度地扩大整个社区的福利水平作为最主要的目标，否则，企业就不可能得到社区（包括社区的行政领导及所有成员）的支持，从而也不可能具备创办企业的基本条件。因此，乡镇企业从一开始创办，就注定要承担繁重的社会功能。那种认为社会负担沉重只是国营企业的事的看法，实在是一种误解。乡镇企业与国营企业的社会负担，只是形式不同罢了。前者要承受的，是整个社区内的福利，而后者要承受的，主要是企业内职工的福利。正因为企业与社区在基本目标上的一致性，企业的整个创办过程，才会得到社区的积极支持。一个最基本的事实是，农村的一切资产，尤其是土地和基础设施，都是属于集体所公有的。如得不到社区的支持，企业就得不到使用土地的权力，也就无立锥之地（至于以农民自己的住宅兴办的户办企业，那是以后才发生的事情），而不利用社区的基础设施，如输变电系统、道路、水源等，企业也绝垫付不起创办时所需的基本建设投资。据1986年的抽样调查，样本乡镇企业的所在地，平均每个社区以集体的公共积累向乡镇企业投资达330万元，其中以实物作价的投资占57.4%；集体的投资额相当于本社区乡村办企业累计投资额的20%~30%。1984年废除人民公社体制之后，仍有92%的社区组织继续投资或扩建乡镇企业。社区的投资资金来源，不仅包括集体积累的资金和资产，还包括由社区组织出面统一申请并负责统一归还的财政周转金、银行贷款和社会性的集资等。显然，如果没有社区组织对乡镇企业的支持，企业是难以办起来的。

社区组织深度地介入了乡镇企业的创办过程，使得乡镇企业的创办门槛大大降低。企业易于创办，应当说是与社区组织在其中所起的各种作用直接相关的。我们可以看一下抽样调查所得到的乡镇企业在创办过程中的一些基本要素的来源、性质及其组合过程，就不难理解社区组织对乡镇企业在创办阶段的贡献了。

（1）资金。样本企业在创办初期的平均投资额为30.2万元，其中实物和劳务折价部分为9.13万元，占30.2%。这笔初始投资的资金和资产来源渠道极为广泛，主要包括：农业银行和信用社贷款（分别占29.0%和5.2%）、社区组织的集体积累（占23.6%）、来料加工款（占7.9%）、本厂工人集资（占5.4%）、政府财政拨款（占4.0%）、政府财政周转金（占5.8%）、工商银行贷款（占4%）、民间信贷（占1.5%）、预收产品款（占2.9%）、团体和个人赞助（占1.1%）、联营对方投资（占0.7%）等。这里且不说社区的资金和资产投入本身就占企业初始投资的1/4，更主要的，其中不少渠道的投资资金，不以社区组织出面或不依靠社区组织的信用，企业实际上是不可能得到的，如银行贷款、财政方面的资金等。

（2）土地。创办初期的企业平均每家占用集体公有的土地为23.97亩，其中有46.5%为无偿占用；即便是付费的部分，地租和地价也极其低廉：买断土地使用权的价格，平均每亩为263.11元，付租地费的则平均每亩每年为18.94元。应该看到，我国农村集体公有的土地从来就没有计过价，而前项所列社区对企业创办时的投资中亦没有计入土地的地租或地价。因此作为农村土地所有者的社区组织，向乡镇企业提供无偿或廉价使用的土地，实际上对企业的创办是提供了极为重要的条件的。

（3）企业职工。样本企业初创阶段平均拥有员工85.6人，其中本乡本村的农民占87.3%，外乡外村的农民占7.1%。在农村劳动力的流动方面，社区组织在20世纪80年代初期以前，一直有着相当大的支配权，而对于外来劳动力的就业如得不到社区组织的认可，几乎是不可能的。应该说，在原体制下，没有社区组织的支持，农村劳动力是不可能较大规模地向非农产业转移的，即使是在社区内部，也是如此。

（4）企业创办人。在样本企业中，主要创办人的原社会身份如下：农村社区组织的各级干部占55%，农民占21%，在职或退休的国营企业干部、职工占7%，银行、信用社、供销社或其他政府行政、事业单位的业务人员占2%，县和县以上机关的干部占1%。这些创办人的经历，参过军的占11%、做过买卖的占5.8%、到过本省省城的占31.3%、到过外省省城的占33.2%。显然，阅历较丰富的本社区的农村基层干部，是构成乡镇企业创办人的主体。这表明，作为乡镇企业创办人的最重要特征，一是要有较强的组织能力；二是要能为初创的企业运行提供合法的保护并使其建立最初的信用。而农村社区的基层干部，显然是最具备这两方面要求的。这也说明，农村社区不仅培养了具有这些基本素质的企业创始人，在一定程度上，也是将社区内的最为优秀的一部分人才输送给了初创的乡村企业。

（5）企业登记。在样本企业中，有96%都经过有关部门正式审批。在企业初创时，80%企业的开办申请“经研究认为合理合法很快批准”；13%的企业是“边干边等待批准”；2%的企业属“久拖不批”；2%的企业上送开办申请后“没有下文”；被“退回开办申请、待条件成熟后再批”的企业，只占1%。由此可见，绝大多数乡镇企业，在开办登记方面均没遇到什么明显的障碍，应当说，这与农村社区组织对企业的开办持鲜明支持态度，是直接相关的。

因此，我们可以清楚地看到，乡镇企业最初的开办，是离不开社区组织对其的支持的。这种支持，表现在社区组织对企业的直接投资仅仅是一个侧面，更多的支持，则表现在社区组织为企业提供政治、经济方面的保护，以及以社区组织的名义使企业在竞争资源方面建立初步的信用。尽管上述分析所引用的数据主要来自于乡、村所办的较大型的乡镇企业，但我们不难想象，其他性质或规模较小的乡镇企业的创办和发展，如得不到社区组织负责人及社区内大多数成员的支持、理解和认可，将同样是不可能的。因此，乡镇企业能发展到今天这样的局面，应当说社区组织对此是功不可没的。

尽管应当充分肯定社区组织对乡镇企业创办和发展过程中的种种贡献，但也必须看到，社区组织与乡镇企业之间还存在着不少目标差异、利益摩擦和其他方面的关系不清晰等问题。

社区和企业之间，显然也存在着关于企业创办和企业经营的目标差异。最主要的是：社区对于企业的创办和经营更多的是从社区整体利益的角度来考虑的，如企业的存在和发展、为本社区创造了多少新的就业岗位、使农民的收入有了多大的增长、为农业生产和其他公益事业提供了多少资金、为社区组织的管理机构提供了多少便利条件等，而企业本身的个别利益对社区组织来说，则是考虑的次要方面。企业自身对于企业创办和企业经营的目标，则明显是双重性的。首先，它当然必须顾及社区的利益，因为这是它生存、发展的根基所在，但同时企业当然也有它自身利益的目标，这就是企业经营利润最大化的目标，同时，企业也认为企业员工的收入和福利水平应当高于社区内的其他成员。这样，社区和企业的目标就存在着差异和冲突：社区组织要尽可能多地从企业的经营中，实现社区的直接利益，而企业为了自身的内部凝聚力和企业的扩大再生产，则要努力维护自身的个别利益。在社区和企业的目标冲突中，企业还必须尊重社区的利益，因为这是企业为自身发展创造良好的小环境所必须做的。因此，企业的社会负担是相当沉重的。以 1992 年为例，全国乡村两级乡镇企业用于社区内以工补农、以工建农的资金高达 105 亿元（税前列支），以企业税后利润用于农村各项建设的开支达 190 亿元，占企业税后利润总额的 39.8%[1]。这一方面表明乡镇企业确实为本社区的农业发展及其他各项事业（如农村福利事业、农村教育事业、小城镇建设等）的发展，作了巨大的贡献；但另一方面也表明，乡镇企业所承受的社区经济负担确实是相当沉重的，这对其自身的发展也并非是没有影响的。

此外，乡村社区组织与乡镇企业之间的产权关系界定不清，以行政手段干预企业的经营决策等类似于政府经济管理部门与国营企业之间的那种“说不清”的关系，也是大量存在的。特别需要指出的是，由于以前在政策上存在着对农村集体企业和私营、个体企业区别对待的问题，一些农村私营和个体的乡镇企业，为了取得保护和提高信用，采取了“挂靠”在社区组织之下、戴上集体性质的“红帽子”的办法，这就更导致了这类企业资产关系和利益关系的模糊，以致出现了不少“弄假成真”、私营企业主被推上“侵占企业集体财产”的被告席的现象。因此，尽管社区组织在乡镇企业创办和发展过程中，曾起过并还将继续起各种重要的促进作用，但是，如果不从产权、决策权以及利益的分配关系等方面理清社区组织与乡镇企业之间的关系，久而久之，社区组织的行政干预，也必然会对乡镇企业的健康发展造成损害。

还应该看到的是，社区组织的行政干预，不单会对企业经营自主权和财产关系方面造成损害，另一个突出的问题，是社区组织通常都不会支持企业迁离本社区。将企业留在本社区，

[1] 国家统计局编：《中国统计摘要》（1993），中国统计出版社1993年版，第67页。

既关系到乡村社区干部的“政绩”，如本乡本村已办了多少企业、创了多少产值等，更关系到社区的直接利益，如以工补农资金、支援农村各项建设费用、安排本社区劳动力就业、提高本社区农民收入水平等，如果企业“跑出”了社区，社区的这些利益就都将难以实现，或至少是将大打折扣的。因此，企业的立地条件、企业的规模效益等问题，在社区的直接利益面前，都不能作为企业迁离社区的理由。这对于企业本身的结构和布局优化，当然是极为不利的。

农村社区，对于乡镇企业来说，是一道围着它的坚固的壁垒。这道壁垒既对企业的生存和发展起着重要的保护作用，但同时也对企业的进一步发展具有阻碍作用。

二、乡镇企业在发展中所受到的城镇排斥现象

乡镇企业最明显的特殊性，在于它的经营者和生产者的身份是“农民”，否则，除了布局在农村之外，它和一般的中小企业并没有什么特别的差异。关于城镇对乡镇企业的排斥所造成的乡镇企业的结构和布局问题，我们将在下一节中再作具体分析。这里要讲的是，城镇对乡镇企业的排斥现象，对整个国民经济发展的影响及其后果。

如前所述，之所以会产生乡镇企业，根本性的原因是农民的就业矛盾日益尖锐。但解决农民的就业问题，与将工业企业办在农村，这之间并无直接的因果联系。我国解放前在农村的经济作物产区大多也有一些小加工厂，即使在国外，农村中也有不少工业企业。但这种情况下的企业办到农村去，主要是从产业关联和经营效益考虑的，而不是或主要并不是考虑为农民解决就业问题的。如日本的北海道和九州这两个日本的主要农牧区，尽管农村劳动力是明显不足的，但农村中仍办有各

类加工企业。农民的就业问题，从来都是靠劳动力的流动来解决的。我国农村人地关系紧张、农业劳动力就业不充分的问题由来已久，因此农民靠流动来解决他们的就业矛盾，也由来已久，这里既有移民式的人口迁居，也有农业劳动力的季节性的流动；既有农村向农村的人口流动，也有农村向城镇的人口流动。中华人民共和国成立以来，如不计“文化大革命”期间的知识青年下乡及后来的返城，大规模的人口流动有过两次。第一次是在“一五”和“二五”之间的1956—1959年，由于城市中展开了大规模的基本建设，而当时尚无严格的限制农村劳动力流动进城就业的政策，因此在这4年中，城镇总人口增长了49.32%，平均每年增长10.54%；而同期，乡村总人口只增长了3.11%，年均只增长0.77%。城市人口的年均增长率，这4年中要比农村高出12倍以上，很明显是由于农村人口大规模进城而造成的[1]。据测算，估计在1956—1959年流动进城的农村人口，有3000万~3200万人。第二次是在20世纪60年代初的国民经济困难阶段，这一阶段，大批城镇人口被遣返回农村，仅国有单位的职工总数，从1961—1963年间就被减少了1750万人以上，占1960年时国有单位职工总数的34.7%。从此以后，中国就再也没有过人口大规模的流动，特别是基本上抑制了农村人口向城镇的流动。因此，农村劳动力就业矛盾的尖锐化，从根本上讲，是限制农村劳动力向城镇流动所造成的结果。乡镇企业是上述矛盾的直接产物，它是城镇排斥农村劳动力流动的结果。因此，由农民兴办的乡镇企业遭到城镇的排斥，就具有必然性了。

[1] 国家统计局编：《中国统计年鉴》（1993），中国统计出版社1993年版，第81页。

城镇不接纳农民所办的乡镇企业，使乡镇企业只能在城墙之外安营扎寨，这只是问题的表面现象，更深层次的问题，是造成了整个国家的工业结构和企业布局的紊乱，以及城市化程度明显滞后于工业化进程的不协调局面。而改变国家工业结构和企业布局的紊乱状况，以及协调工业化和城市化的进程，将迫使今后的国民经济发展再次为此付出沉重的代价。

9.2 乡镇企业产业结构与企业布局的先天不足

上一节我们已经分析到，乡镇企业的产业结构与企业布局中存在的问题，从根本上说，是城镇对乡镇企业的排斥，即阻止农民向城镇流动的必然结果，而并非是乡镇企业自身选择的结果。但不管这种现象是由什么原因引起的，因为它既关系到乡镇企业的进一步发展，也关系到国民经济的总体结构和布局，因此，都必须引起人们的高度重视。

一、乡镇企业的结构偏斜及其影响

乡镇企业是农村中农业、工业、建筑业、交通运输业和商业服务业企业的总称。当然，农业企业中不包括原集体统一经营的大田生产和现在的家庭经营的农业。自 20 世纪 80 年代中期以后，乡镇企业的产业结构变动，主要的趋势是工业比重的持续提高。乡镇工业的产值，在乡镇企业总产值中的比重，已从 1985 年的 2/3，上升到了 1992 年的超过 3/4。因此，可以认为，农村的乡镇企业，实际上是以工业为主的一个企业群体（参见表 9–1）。而在乡村工业的总产值中，各类加工工业的产值又始终占据着极高的比重，从 1988—1992 年，乡村工业中的采掘业和原料工业的产值，始终只占 15%左右。因此，又可以说，乡镇企业实际上是一个以加工工业为主体的企业群体。但是，在乡村工业的产值中，以农产品为原料的加工工业产值，又从未达到过1/3（参见表9-2）。

表9-1　乡镇企业产值构成

（以总产值为100）

年度＼行业	农业	工业	建筑业	交通运输业	商业服务业
1985	2.2	67.0	11.4	1.6	17.8
1986	2.0	68.2	14.7	7.2	7.9
1987	1.9	68.1	13.6	7.6	8.8
1988	1.7	69.9	12.7	7.3	8.4
1989	1.7	70.6	11.9	7.8	8.0
1990	1.7	71.5	11.2	7.7	7.9
1991	1.6	74.9	9.8	6.6	7.1
1992	1.4	75.8	9.7	6.1	7.0

资料来源：根据《中国统计年鉴》（1993）第396页有关数据计算。

可见，乡镇工业之所以办在农村，其实和它的生产特点并没有内在的联系，因为乡镇工业的总产值中，近70%都是由与加工农产品无关的行业所创造的。1992年，在乡村工业中产值位于前10名的行业为：①纺织业（占乡村工业总产值的12.2%）；②建材与非金属矿产业（占11.5%）；③机械制造业（占9.7%）；④食品加工业（占6.0%）；⑤金属制品加工业（占5.8%）；⑥冶金和轧延加工业（占5.6%）；⑦化学工业（占5.6%）；⑧缝纫业（占4.8%）；⑨电气机械及器材制造业（占4.0%）；⑩塑料制品业（占3.5%）。这10个行业的产值，占乡村工业总产值的 68.7%[1]，但其中直接与加工农产品有关的纺织业、食品制造业等，所占的比重并不高，倒是机电、冶金、化工行业等，占有较大的比重。由此也不难看出，乡村工业结构形成的依据，主要的并不是当地农村的资源条件、地理位置等优势，也并不是城乡加工工业之间的合理分工要求，而就是为了解决当地农村劳动力的就业问题。

表 9–2　乡村工业企业产值构成

以总产值为 100

年度	加工工业产值所占比重	轻工业产值所占比重	以农产品为原料的加工工业产值所占比重
1988	84.9	51.4	30.5
1989	84.5	51.6	30.9
1990	84.7	53.8	32.3
1991	84.7	54.4	32.3
1992	84.5	53.1	31.1

资料来源：根据《中国统计摘要》（1990）第 66 页、《中国统计摘要》（1993）第 68 页有关数据计算。

从乡村工业的产值结构中可以看出，它是一种以加工工业为主的偏轻型的工业群体。由于乡镇工业的规模正在不断扩大，它在国家整个工业中的比重正不断提高，因此，乡镇工业的结构，实际上正对我国整个工业的结构，发生着越来越重大的影响（如表 9–3 所示）。乡镇工业产值在全国工业总产值中所占的比重，已由 1978 年的占 9.1%，上升到了 1992 年的占 36.8%；而乡镇工业产值在 1978—1992 年间，在全国工业总产

[1] 国家统计局编：《中国统计摘要》（1993），中国统计出版社1993年版，第68页。

表 9–3　乡镇工业产值所占的比重

比重（%）＼年度	1978	1981	1984	1986	1988	1990	1991	1992
在全国工业总产值中所占的比重	9.1	10.7	16.3	21.6	24.9	25.3	30.8	36.8
相当于国有工业产值的比重	11.7	14.4	23.7	34.6	43.8	46.3	58.2	76.5

资料来源：根据《中国统计年鉴》（1993），第 369、412 页有关数据计算。

值中所占的份额，共增加了 27.7 个百分点，14 年间，平均每年提高约 1.98 个百分点，也正说明了乡镇工业自身的结构，对于全国工业结构变化所产生的深刻影响。由于乡镇工业从总体来说具有一种轻型化的结构，因此它在全国工业中比重的迅速提高，实际上也就意味着影响全国的工业结构日益向轻型化方面转变。工业结构的轻型化，对国民经济发展的影响，必须结合具体的国情来作分析。我国是一个大国，尤其是一个人口大国，注定了工业的结构是不能过于轻型化的。因为人口大国的加工工业制成品，其市场主要是在国内。如果庞大的加工工业，其原材料和能源的主要部分不能自给而要依赖于国际市场，那么产品主要销于国内而原材料、能源却要大量进口，最终必然会出现外汇收支不能平衡，致使已形成的国内工业结构难以有效地运行。原材料、能源等基础工业发展滞后的问题，在我国工业的结构问题中，是一个迟迟没有解决的老矛盾。这个矛盾之所以不能缓解，在一定程度上，与轻型化的乡镇工业在国家整个工业中的比重不断上升，是有着直接的联系的。

当然，这个问题并不是乡镇工业自身所愿意造成的，它是由长期的城乡分离、社区封闭造成的要素不能流动而产生的必然结果。因此，这个问题的症结在于原有的经济体制，如果不能尽快打破社区封闭和城乡分离的格局，以形成城乡之间的生产要素自由流动和重新组合，那么我国工业的整体结构劣化问题，必然会日趋严重。

二、乡镇企业的布局分散及其后果

如前所述，以工业为主体，是乡镇企业的一大特点。然而，由于受城乡和社区这两道壁垒的阻拦，乡镇企业只能分散地布局在各个乡、村之中。据抽样调查的结果推算，在乡镇企业中，只有约1%的企业分布在县城周围或县以上的城镇中，有12%的企业分布在乡（镇）政府的所在地，有7%的企业分布在行政村的所在地，而80%的企业是分布在自然村中的。因此，企业布局的高度分散化，是乡镇企业的另一大特征。企业布局的分散化，是生产要素不能流动的最突出的表现。正如我们在前面所分析过的那样，在社区内兴办企业，有降低投资门槛、便于得到保护、易于提高信用等好处。但也不可否认，企业布局过于分散，对于经济长期发展所造成的不利影响，也将是十分严重的，如造成占地较多、环境污染等。同时，它也促使农业向着兼业化的方向过渡。农村经济兼业化的趋势和模式，对于农业影响的利弊，很难作简单的评价，但工业企业高度分散的布局，造成了农村工业化过程与城镇化过程的脱节，这在大多数地区的农村，则都已是显而易见的事实。农村中工业的迅速发展，由于企业的布局高度分散，因而没能形成相应的集聚效应，这对工业企业本身的提高效益就十分不利，如缺乏公共设施、交通通信不便、市场信息不灵、社会化服务程度低、不便于交流企业间的经营管理等，因此，企业经营中的交易费用相对就高，经济效益因此也受影响。但主要的是，企业不能相对集聚，城镇化的步伐迟滞，就不能促进服务业随工业的发展而获得相应的发展。如此之大的乡镇工业规模，由于布局分散，使服务业失去了必要的发展条件，也等于使农村白白失去了一大批本来应该由工业带起的服务业就业岗位。表 9–4

表 9–4　农村服务业就业机会的比较

年度		1989	1991	1992
国有、城镇集体和城镇其他所有制的工业企业	服务行业中就业职工总数（万人）	5634	6048	6218.5
	服务行业中职工占全部职工数的比重	41.0%	41.7%	42.0%
	服务行业中职工相当于工业部门职工的比重	90.5%	92.3%	93.9%
国有单位	服务行业中就业职工总数（万人）	4359	4711	4875
	服务行业中职工占全部职工数的比重	43.1%	44.2%	44.8%
	服务行业中职工相当于工业部门职工的比重	102.0%	105.3%	108.0%
农村部门	服务行业中就业劳动者总数（万人）	2780	2908	3265
	服务行业中就业者占农村劳动者的比重	6.8%	6.7%	7.5%
	服务行业中就业者相当于工业部门就业者比重	49.4%	50.0%	51.5%

资料来源：按 1990 年、1992 年、1993 年《中国统计年鉴》有关数据计算。表 9–4 中的“服务行业”包括交通运输、邮电通信、房地产、公用事业、居民服务与咨询、科教文卫事业、金融保险业和党政机关等。

显示了农村服务行业中就业比重偏低的情况，尤其是农村服务行业的就业者，相当于农村工业企业中就业者的比例偏低的情况。1992 年年底，国有、城镇集体和城镇其他所有制的工业企业，一共吸纳就业者 6621.5 万人，但相应地，上述几类所有制的商业和服务行业，却吸纳了 6218.5 万人就业；而农村中，尽管工业企业吸纳了 6336.4 万人就业，但它却只带起了 3265 万人在服务业中就业。由此可见，城市化的水平，对于相同的工业就业人口所能带起的服务业就业人口，影响是极为巨大的。如果伴随着乡镇工业的发展，同时有一个工业企业适当集中、中小城镇进一步繁荣的过程，那么，应该说按现在的乡镇工业就业人口的规模，再带动 1500 万 ~2000 万农村劳动力进入服务业就业，是完全具有可能性的。

但是，由于体制改革的不配套，以及对于乡镇工业发展的规模和速度估计不足，因此，对于乡镇工业的发展和农村劳动力的流动，长期实行“离土不离乡”“进厂不进城”的政策，致使一方面加剧了工业企业的分散程度，另一方面又把农业剩余劳动的转移主要压在乡镇工业企业上。结果是损失了城镇化，也损失了服务业可以带来的就业岗位。

三、乡镇企业发展中的资本替代劳动现象

乡镇企业布局的高度分散性，与它偏重于加工工业的结构，是有着密切的内在联系的。由于企业布局分散，服务业无法发展。而其他能源、原材料等基础工业，又限于投资能力、资源条件和技术力量的不足，因此兴办加工工业就成了有规律的事情。我们已经讲到，加工工业企业的分散布局，最终会损失促使服务业发展所带来的新的岗位。在这一节中，我们将再简要地分析一下加工工业的发展，又如何必然地出现以资本替

代劳动的趋势，从而使加工工业吸纳新增劳动者的能力下降。由于整个社会加工工业能力的迅速增加，使得加工制成品在市场竞争的程度不断加剧。为了在激烈的市场竞争中求生存、求发展，尽可能地采用新技术、新设备和新工艺，就成了企业应付市场竞争的一种必要手段。因此，扩大规模和更新设备，是目前乡镇企业发展中的一大趋势。这种趋势促使乡镇企业资本有机构成不断提高，每创造一个新的就业岗位，需占用的固定资产不断增加。如前所述，1985 年乡村工业企业平均每个劳动岗位需占用固定资产原值 1653.94 元；但到了 1992 年平均每个劳动岗位需占用的固定资产的原值，已上升为 6726.03 元，增长速度是极快的。依靠更新设备来实现的技术进步提升，对乡镇工业生产增长的贡献越来越大，而随之出现的则是乡镇工业的就业弹性降低，吸收新增就业者的能力逐步减弱。

我们在前面曾分析过，乡镇企业创办的最基本动机，就是解决农民的就业、增加农民的收入；而我们之所以能接受将占全国工业产值 1/3 以上的工业生产能力分散地撒在农村中这样一个事实，也就在于乡镇企业可以解决农民的就业和收入问题。但是，从 20 世纪 80 年代末以来，相当地区的乡镇企业已经出现了以资本替代劳动的趋势，从而使农业劳动力的转移就业遇到了比以往更大的阻力。在 20 世纪 90 年代初期这几年，一方面是乡镇企业的产值增长速度明显加快，另一方面则是其吸收新增就业者的能力在明显下降，使农业中的剩余劳动力不是减少而是增加了。这说明相当一部分地区的乡镇企业的基本功能，已经开始发生变化，它从以解决当地农村剩余劳动力就业为主的社区福利目标，开始转向了比较单纯地以追求利润最大化为主的企业目标。必须承认，乡镇企业在发展中出现的基本功能的转变，是具有必然性的，也是符合企业经营的规律的，对此无可指责。但要看到，随着乡镇企业出现的资本替代劳动的趋势，农村剩余劳动力的转移却并没有形成新的机制，没有找到新的途径。因此，20 世纪 90 年代以来，农村劳动力的就业矛盾又重新尖锐起来。这种新的矛盾如不能得到及时地缓解，就不仅会制约农民收入的增长，而且会逐步酿成严重的社会问题。

确实，“离土不离乡”“进厂不进城”地分散发展乡镇企业的模式，曾在 20 世纪 80 年代中后期为缓解农村尖锐的就业矛盾，作出了极其巨大的贡献。但继之而来的新问题是，分散地办企业，只能以加工工业为主，而加工工业的发展，又必然会产生资本替代劳动的趋势。如果固守这种过去确曾成功的乡镇企业发展模式，那么，在乡镇企业不断提高资本有机构成的事实面前，农业剩余劳动力的转移就业，就会再次受阻。因此，必须寻求乡镇企业发展模式的创新，那就是将农村的工业化过程与城镇化过程紧密地结合起来，依靠城镇化所产生的结构性的经济优势，为农业剩余劳动力的转移就业，开辟更为广阔的空间。

9.3 乡镇企业的适当集中与城镇化过程的加速

在我国，要促使乡镇企业的适当集中和城市化过程的加速，绝不是一个单纯的经济发展问题。因为乡镇企业的高度分散化布局，以及城市化过程明显滞后于工业化进程的结果本身就是体制性的问题。因此，促使乡镇企业的适当集中，促使城镇化过程的加速，更多要涉及的还是经济体制的改革问题。

我们经常谈论我国的经济结构不平衡问题。其实，我国经济结构中最大的不平衡，就在于工业化进程和城市化进程的严重不平衡，在于国民生产总值中农业产值份额的下降速度，与农村人口份额下降速度的严重不平衡。1952 年，我国的农业产值占当时社会总产值的 45.42%，到 1988 年这一份额已下降为 19.65%；但我国农村中的劳动者，却从 1950 年的 1.8 亿多人，增加到了 1988 年的 4 亿多人，直至今天，农业产值份额下降、而农村劳动者数量上升的格局仍没被扭转。从 1965 年到 1980 年，我国城市人口平均每年增长 2.6%，明显低于世界上 42 个低收入国家同期年均增长 3.5%和 35 个中下等收入国家年均增长 3.8%的水平❶。可以说，我国进入工业化起步阶段之后，农业人口向城镇的转移、城市化进展速度之慢，是世所罕见的。在现代工业迅速增长的年代，农村人口不仅没有减少，反而还大幅度增长，这就必然使农民困守在土地上而失去了大量的发展机会。乡镇企业的异军突起，使农民得以直接与工业结缘，从 1979 年到 1992 年这 14 年中，我国农村的工业就业人口增加了 4600 万人❷。但这仍没有打破城乡之间的分割现象，以致使得乡镇企业的进一步发展和农村剩余劳动力的转移就业又一次出现了尖锐的矛盾。因此，我们必须从更深的层次去对这个矛盾求解，那就是从工业化与城市化的结构矛盾、从农业产值份额下降而农村人口数量上升的结构矛盾中，去寻求解决当前乡镇企业发展和农村剩余劳动力转移就业中所出现的突出问题。

一、农民身份的转变与城镇化过程的加速

“农民”，本来是一种职业的称谓，就如“工人”“教

❶ 陈锡文著：《农村发展的关键是正确对待农民》，《发展研究》，北京师范大学出版社1990年版，第1190—1216页。

❷ 国家统计局编：《中国统计年鉴》（1993），中国统计出版社1993年版，第395页。

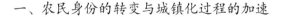

师”“医生”等称谓一样，他所代表的是劳动者所从事的工作的性质。但是，“农民”这个称谓，在原有体制下，却被演变成了一种身份的称谓。因为事实上，我国有越来越多的并不从事农业生产的劳动者，被称作“农民”，如乡镇企业中从事非农产业的超过1亿的劳动者，被称作农民；已在大中城市从事着各种与农业根本无关的生产活动的原农村劳动者，被称作农民；在农村创办非农业的乡镇企业，并取得很大成就的厂长、经理，被称作“农民企业家”；等等。显然，这些人被叫作“农民”，与他们的职业毫无关系，原因全在于他们的“身份”。被叫作“农民”的人，实际上就是与城镇居民在身份上有差别的人，他们没有在城镇的合法定居权，不能享受由财政补贴的食品、医疗、住房、子女教育等待遇，他们的就业问题不由政府的劳动人事部门包下来，等等。在原有的经济体制下，为了加快工业化积累的速度，对城镇居民实行普遍的低工资和广泛的福利补贴制度；与此同时，为了控制财政对城镇居民福利的补贴额，采取了以城镇居民和农村人口相区别的“身份管理”的户籍制度，以限制农村人口向城镇的流动，应该说，这是原体制下为实现原定的经济发展目标而迫不得已实行的一项措施。现在，农村实行家庭联产承包责任制之后，农村劳动力离开耕地、自由流动已没有什么行政性的限制；同时，城镇居民的福利制度也正在多方面展开改革，如用工制度、住房制度、子女的教育制度、医疗制度等。而且，原先对人口流动最主要的限制措施之一——商品粮油的定量配给制度，目前已被基本取消。因此，农民的流动性，尤其是向城镇的流动性，已明显增强。但是，农民的流动，尤其是向城镇的流动，尚缺乏必要的制度性保障，它完全是处在一种自发状态，没有人知道已经流动进城的“农民”今后的命运到底如何？他们究竟是从此可以在城镇中定居下去，还是有朝一日终将被“勒令”返回农村的家园。在这种没有明确期望的情况下，我们看到了一种极为传统的现象：流动进城的“农民”，将在城里赚的钱再返回到农村，去盖住房、办企业。似乎永远也不打算改变居住在农村，分散办企业的局面。这实际上是在经济体制改革过程中，尚未改变的依据城乡居民的“不同身份”实行户籍管理的制度诱导的结果。

归根到底，现行的按身份进行管理的户籍制度，限制了农民的流动，也限制了农民流动后在城镇的定居。这种现象的结果，无非就是造成农民所拥有的资产也不能流动和集聚，造成农村资产的分散性，造成农民进城后所赚的钱向农村的回流。一句话，就是造成中国城市化进程的继续滞后。

但是我们已经看到，城市进程的滞后，就是抑制农民扩大就业机会的同义语。城市化进程的滞后，最终的受损者就是中国的农民。目前，乡镇企业的增长格局，已经出现了产值高速增长而吸收新增就业者的能力下降的新矛盾。因此，我们必须把握住农村改革所提供给农村劳动力的自由流动的机遇，把握城镇居民福利体制改革的机遇，着力破除依“身份”进行管理、意在抑制人口流动的户籍管理制度，积极推进中国城市化的进程。

乡镇企业能否适当地集中，是一个涉及面极广、影响极大的经济改革与经济发展的举措。乡镇企业能否适当集中，首先关系到乡镇企业的进一步发展问题。它能否利用企业集聚的规模效益，既促进企业经营机制的改善，又提高企业的经营效益。其次，它关系到中小城镇的经济发展和繁荣问题，企业进入城镇，对于城镇建设和城镇发展的作用是不言自明的。而中小城镇的繁荣和兴旺，无疑是改变我国城乡经济“二元结构”

的最有效途径。最后，它关系到农村剩余劳动力的转移就业问题。如前所说，中国庞大的农村剩余劳动力，仅靠分散地发展加工工业，是不足以实现他们的充分就业的。而解决农民就业问题的真正的潜力，就存在于城镇化加速带来的第三产业的兴盛之中。

但是，现实问题是农民的身份难以转变的问题，构成了制约乡镇企业适当集中的一大障碍。“农民”不能因他的职业和居住地的改变而转变他的“身份”，使农民对他们自发形成的流动，感到缺乏制度性的保障，使他们对于在城镇办厂开店、安居乐业缺乏稳定的预期。这对于引导乡镇企业向中小城镇的适当集中，以推动中小城镇的建设、带动服务业的发展，为农业剩余劳动力创造更多的就业机会，是极为不利的。

实际上，很多地方政府已经深深地感受到了农村存在的尖锐的就业矛盾，也深深地感受到了除了加速城镇化的过程，再无别的可以缓解这一矛盾的出路。因而，近几年来不少地方都在采取各种办法，鼓励农民进小城镇开厂办店、务工经商、安居乐业。目前，各地在吸引农民进小城镇时，存在着一种被叫作“卖户口”的做法，即农民在进城时，向有关部门缴纳了一定的费用后，在各方面都将与当地的城镇居民一视同仁。其实，说“卖户口”是不确切的。城镇的扩展和工业区的开发，是土地从资源转化为资本的过程，占用土地的人要支付地租或地价，这是符合经济规律的。因此，农民到小城镇或开发区办企业和定居，就必须支付一部分地租或地价，同时，也应承担相应的市政建设费用。因此，农民买的并不是户口，而是缴纳了一定的土地占用费和市政建设配套费。只有明确这一点，才不致使收取的这部分资金，被随意挪用到别的地方去。而许多小城镇正是在采用这个办法的基础上，才加快了建设、繁荣了经济。

要加速城镇福利制度的改革，但国家“包”下来的地方太多，这是我国城市化进程缓慢的一大原因。现在，对原市镇人口也在进行福利制度的改革，因此，对新进小城镇的“农民”，就更要实行新的社会福利和社会保障制度。在小城镇上，由政府“包”的内容原来就比大城市少得多，在福利和社会保障方面，实行新人新办法比较容易被人接受。如食品、住房、水电、通信等，可以更快地采用商品化、市场化的办法，而保险业也可以在医疗、就业等方面迅速地发展起来，教育也可以采取多种办学方式的体制。实质上，由政府“包”下来的城镇人口的社会福利和保障体制，是一道真正阻碍农民向城镇流动的“围墙”，拆了这道“围墙”，既有利于农民向城镇的流动，也能对于发育社会主义市场经济的新体制起到积极的促进作用。

二、加快乡镇企业自身的财产和经营制度的改革，实现乡镇企业逐步向小城镇适当集中

所谓引导乡镇企业适当向小城镇集中，并不是要把现有的乡镇企业从乡里、村里拆迁到小城镇去。这里主要讲的是两个方面，一是讲新建乡镇企业，应尽可能向小城镇集中；二是讲对现有的乡镇企业要实行财产和经营制度的改革，使其具备扩大吸引资金、实现资产流动、重新组合的条件，从而实现新增生产能力向小城镇的集中。

一家乡镇企业要去投资办一个新厂是困难的，但十家二十家乡镇企业联合起来去办一个新厂，并不是不能实现的。只要对现有的乡镇企业进一步深化清晰产权的改革，并在此基础上

实行股份制、股份合作制的改造，就会形成新的财产组合形式和新的企业经营形式，也可以促使乡镇企业将各自分散的积累资金集聚起来，到小城镇去创办新的企业。因此，股份制、股份合作制、企业联合体和企业集团等形式，是逐步实现乡镇企业的资产向小城镇转移的有效途径。

对乡镇企业的投资、融资体制也要加快改革。应当在整个金融体制的改革中，积极促进乡镇企业的合作银行、乡镇企业的投资基金等新的投资融资组织的发育。目前，国内外很多投资者，都感到乡镇企业的经营机制好、经济效益好，但无奈乡镇企业太多、太小、太散，无法有效地识别投资对象，与许多好的投资机会失之交臂。因此，发展乡镇企业的合作金融和投资基金等中间性组织，不仅有利于乡镇企业获得比较稳定的资金来源，还可以吸引更多的投资者向乡镇企业投资，而政府有关部门也便于通过这种中间性的投资和融资组织，进行政策引导，促使乡镇企业的产业结构和企业布局朝着更合理的方向逐步变革。

10. 农村改革与发展的综合度量指标：农民收入增长

长期以来，我们在衡量农村经济发展的指标设定上，一直存在着严重偏颇，即把基本农产品的供给增长情况，看作是衡量农村经济状况的基本的甚至是唯一的目标，因此，严重地忽视了农民收入增长和农村自身社会、经济发展的目标。实践证明，忽视农民利益的政策，必然也无法实现基本农产品持续、稳定增长的目标。农村经济的体制改革之所以有效，就在于它从一开始，就从让农民休养生息、让农民实现他们自己的切身利益着手，才调动了广大农民的生产积极性，也促进了基本农产品产量的大幅度增长和农村经济的全面繁荣。应该说，农民收入增长的状况，是衡量农村经济发展的最全面、综合程度最高的指标。农村经济政策和农村发展规划的制定，都应更充分地考虑农民的切身利益，把着力点放在促使农民收入更快地增长上，否则，离开了这个目标，别的任何目标都将是难以实现的。

10.1 农产品价格与就业对农民收入增长的不同影响

在相当长的时期中，为了从农业中抽取国家工业化的积累资金，政府一直实行低价收购农产品的政策。结果，它抑制了农民生产的积极性，使基本农产品的供给长期不足，人民生活难以改善。从农村经济体制改革启动之时起，政府也同时启用了农产品价格这个杠杆，并收到了明显的效果。在改革初期的1979—1984 年，农副产品的收购价格指数上涨了 53.7%，其中1979 年比上年一下上涨了 22.1% [1]。在提高农产品收购价格的同时，并没有相应地提高农产品的政府销售价格，结果导致了政府对基本农产品的价格补贴大幅度上升。1978 年财政对粮棉油的价格补贴为 11.14 亿元，占当年财政收入总额的近 1%；但到了 1984 年这一补贴已增长到 201.67 亿元，占当年财政收入总额的 13.4%。在农产品价格问题上，政府的财政负担太重，这是导致 1985 年对粮食实行“倒三七比例价”收购的原因之一。1985 年开始，粮食增长处于停滞、徘徊状态，供求形势一度趋紧，政府不得不再次以行政调价的办法，大幅度提高粮价。在 1985—1989 年间，粮食的收购价格指数，总共上涨了219.2%，年均上涨 26.1%，明显高于 1979—1984 年年均上涨的水平。粮价上涨，也带动了肉价上涨，为了稳定城镇居民的实际消费水平，自 1985 年开始，政府又增加了对肉价的补贴。到 1989 年财政用于对粮、棉、油、肉的价格补贴，已增至 300亿元，占当年财政收入总额的 10.2%，如加上其他方面的价格补贴，财政的价格补贴总计达 372.39 亿元，占当年财政总收入的 12.6%。财政收入中如此之高的比重用于价格补贴，对政府来说负担是极为沉重的。但正如人们所看到的那样，1985—1989 年粮食的增长情况却并不理想，1989 年的粮食总产量仅比

[1] 国家统计局编：《中国统计年鉴》（1993），中国统计出版社1993年版，第265页。本章所引数据，如不特别注明，均参见《中国统计年鉴》（1993）。

1984 年增长 24 亿斤。这说明价格对于基本农产品供给增长的刺激作用已明显减弱。出现这种情况的原因是很复杂的，但主要的还是农业特别是粮食生产的比较利益偏低。在有其他收益更好的投资和就业机会存在的条件下，粮价的提高，对生产的增长刺激作用也就相当有限了。进入 20 世纪 90 年代以后，主要农产品的价格是下跌的。与 1989 年相比，1990 年的粮价跌了 6.8%，1991 年跌了 12.6%，1992 年跌了 7.9%，农民为此增产而不增收。但粮食的总供给量却没有大的波动，原因就在于乡镇企业吸纳新增就业者的能力下降，其他方面对农民来说也没有更好的投资和就业机会，因此农民不得不继续维持粮食的生产规模。与 1989 年相比，1990 年的粮食总产量增长了 9.5%，1991 年增长了 6.8%，1992 年增长了 8.6%。

前述的 1985—1989 年以及 1990—1992 年这两段截然相反的情况表明，由于存在着各种复杂的因素，对农产品提价的作用是不能作简单的评价的。尤其是在温饱问题已经基本解决之后，基本农产品的供求关系复杂化了，单纯运用价格手段，就更难实现预期目标。

近年来，农民收入增长缓慢，与基本农产品的价格低确有很大关系。但目前的农产品价格低落，是市场供求在起主导作用，而不是政府定价的结果，这就说明需求制约确实是存在的。因此，使用提价措施，效果将是极为有限的。用行政性办法提高粮食等农产品的收购价，既可以用增加补贴的办法使农民增加收入，但也会进一步刺激产量的增长，这就会加剧市场上粮食供过于求的局面，更难使粮价回升。除非政府不断增加补贴，将供过于求的部分不断地收购入库，但这种做法显然是难以持久的。因此，为了农民收入的增长，作为应急措施，在短期内用行政手段提高粮食的收购价，也许是必要的，但不应长期如此。否则，不仅扭曲了市场价格的形成机制，还会重新走到购销价格倒挂的老路上去。目前的农村经济情况已经证明，制约农民收入增长的主要因素，并不是农产品的价格水平，而是农民的就业太不充分。我国农村，每个劳动力平均只有 4 亩多地用于粮食生产，4 亩多地在南方全年大约只能投入 120 个左右的劳动日，北方只能投入 100 个左右的劳动日。若按每个劳动日的收益来看，即使是比较利益低的粮食生产，一个劳动日纯收入也可在 5~7 元，并不能算低。问题是全年有效的劳动时间不足 1/3，平均下来，收入就大大降低。因此，要用价格来调节收入问题，现实的困难就是因为农民的就业太不充分，而会使提价的作用大打折扣。从这个角度来看，应该认识到真正解决农民的收入问题的根子就在于解决农民的就业问题。用提价来解决农民的收入，就是以价格手段来调节国民收入初次分配的比例关系，它不仅受到多方既得利益的制约，也等于是蛋糕没有增大，只研究如何切法，有人多得，必然就有人少得；而用解决农民的就业问题来增加农民的收入，就等于是把国民收入的蛋糕做大，蛋糕做大了，分配中的困难就会减少。

农民的收入问题，从宏观上讲当然是个国民收入的分配问题。但依据马克思主义经济学的原理，分配首先要解决的是生产资料的分配。农民的就业不充分，其本质就是农民分配到的资源太少。因此，必须努力探求逐步减少农村劳动力的新途径，农业中的剩余劳动力转移出来了，他们有了新的就业岗位和新的收入来源，留在农业中的劳动者才能扩大耕地的经营规模，提高劳动生产率，实现增加收入的可能性。因此，对待农民的收入增长问题，我们必须尽快从行政性调价的老思路中跳出来，把着力点放在扩大农民的就业空间上。否则，提价—补贴的恶性循环，最终使粮价走到像日本那样是国际市场价格 7

倍的危险，并不是不存在的，因为我国农业目前的户均耕地经营规模，比日本更小。

10.2 城乡居民收入差距对国民经济发展的影响

农民的收入问题，绝不是一个单纯的农村经济的局部问题。农民收入增长缓慢，当然会直接制约农民消费水平的提高，会直接制约农民对农业投入的增加。但是，如果从国民经济全局来看，农民的收入问题，更重要的还是一个市场的规模问题。我国的总人口至今有 3/4 生活在农村，农民的购买力如何，对市场的影响极大。而市场不能扩展，无疑使整个国民经济的发展受到极大的制约。因此，可以这样讲，农民的收入上不去，国内的工业和商业也就难以实现大的增长。

但是，近年来农民实现的购买力的状况确实是令人忧虑的。1952 年我国社会商品零售总额中，农村实现的份额占 54.6%（扣除农业生产资料后的消费品部分，农村实现的份额占 52.2%）；1978 年农村的商品零售额占社会商品零售额的份额，降到了 52.0%（其中消费品占社会商品零售总额的 40.8%）。农村改革初期，农民的收入增长较快，购买力也明显增长，到 1984 年农村商品零售额，占社会商品零售总额的份额上升到了 59.2 %（其中消费品占 52.5%）；但以后，农村商品零售额所占社会商品零售额的份额，又开始逐步下降。1989 年农村只占 56.4%（其中消费品占 50.0%）；1990 年农村商品零售额占 55.0%（其中消费品占 48.5%）；1991 年农村商品零售额占 53.6%（其中消费品占 47.0%）；而 1992 年，农村商品零售额在社会商品零售额中的比重，进一步降至 51.9%，已经低于改革前的 1978 年时所占的份额，而农村消费品的零售额，在社会消费品零售额中的比重，也进一步降为 45.5%。与 1984 年相比，农村商品零售额所占的份额，降低了 7.3 个百分点，农村消费品零售额所占的比重，降低了 7 个百分点。因此，如果说我国的零售市场存在着销售不旺甚至有“疲软”现象的话，根源就在于农民的购买力明显地相对下降。在 1992 年社会零售商品总额接近 11000 亿元的情况下，农民的购买力每降 1 个百分点，就意味着社会要少销售 110 亿元的商品，何况是比过去的最高水平降了 7.3 个百分点。

改革 15 年来，城乡居民间的收入水平之比，经历了一个马鞍形的变化（参见表 10–1），而农民购买力的相对下降，显然也是上述马鞍形变化的必然结果。从城乡居民收入差距重新扩大，以及农民购买力的相对下降情况来看，可以认为自 20 世纪 80 年代末以来，整个国民经济增长的格局，重新又出现了严重不利于农业、农村和农民的局面。这是必须引起人们的高度关注和警惕的，因为城乡利益关系的失衡，不仅会引出一系列经济问题，也会引出一系列社会问题。这对于我们保持安定团结的局

表 10–1　改革以来城乡居民收入变化比较

年度	1978	1980	1985	1990	1991	1992
农民家庭人均纯收入（元）	133.6	191.3	397.6	686.3	708.6	784.0
城镇居民家庭人均生活费收入（元）	316.0	439.0	685.0	1387.0	1544.0	1826.0
农民家庭人均纯收入：城镇居民家庭人均生活费收入	1∶2.37	1∶2.29	1∶1.72	1∶2.02	1∶2.18	1∶2.33

资料来源：《中国统计年鉴》（1993），第 279 页。

面，尽快实现国民经济发展的战略目标，将会产生不利的影响。

10.3 农民收入差距与区域经济政策

经过十几年的改革和发展，应该说全国各类地区的农村面貌都有了较大的变化。但是，区域发展的不平衡，则是历史造成的结果。因此，地区之间的发展差距问题，仍是当前农村经济中存在的一个突出问题。1978 年农民人均纯收入最低和最高的省（市）之间的比例，为 1∶2.95（甘肃∶上海）；1992 年这一比例扩大为 1∶4.55（甘肃∶上海）。这种情况表明，在经济发展的过程中，地区之间经济水平的差异正在进一步扩大。

表 10–2　1991 年全国农村主要经济资源及各业产值在区域间的分布（%）

	全国	东部地区	中部地区	西部地区
人均占有的耕地面积	100	32.52	43.76	23.72
农村总人口	100	40.77	35.14	24.09
农村劳动力数量	100	41.11	33.42	25.47
农村社会总产值	100	60.14	26.37	13.49
农业总产值	100	47.76	32.65	19.59
农村工业总产值 *	100	74.17	18.41	7.35
农村建筑业总产值	100	60.86	27.37	11.77
农村运输业总产值	100	43.68	39.66	16.66
农村商业总产值	100	53.62	31.77	14.61

资料来源：中国社会科学院农村研究所、国家统计局农村统计司：《1992 年中国农村经济发展年度报告》，中国社会科学出版社 1993 年版，第 114—116 页。

* 农村工业总产值在东部地区、中部地区和西部地区分布比重的总和采用四舍五入法计算。

从表 10-2 的数据中我们可以看出，我国东部、中部、西部三大地区之间农村中主要的经济资源的分布，如人均占有的耕地面积差异并不悬殊，但农村社会总产值的分布，三个地区之间的差距就相当悬殊，其中特别是农村工业总产值的分布，地区之间的差距就更为悬殊。这说明，改革以来的地区之间经济发展水平的差距扩大问题，主要是地区之间非农产业特别是农村工业的增长差异而造成的。正像人们已经感觉到的那样，农村地区之间的经济差距，主要表现在乡镇企业发展程度的差异上。因此，从一定程度上我们可以说，农村地区之间的经济发展差距，本质反映的仍然是工农业之间的矛盾和差距。

如何加快中西部地区农村非农产业，特别是乡镇工业的发展，显然是加快中西部地区农村经济发展的重要举措。国务院在 1992 年秋就对此作了部署，并安排每年 50 亿元的信贷资金来支持中西部地区乡镇企业的发展。但中西部地区乡镇企业的发展，需要一系列的条件，其中特别重要的是产品的市场条件。中西部地区乡镇企业起步晚、技术水平相对较低，在目前国内市场竞争激烈的情况下，如何使它们的产品打开市场，这是中西部地区乡镇企业成败的关键。这需要国家以相应的政策来加以有效的领导。有两方面的政策是特别需要考虑的：一是如何把东南沿海发达地区的乡镇企业的产品，更多更快地打到国际市场去，以给中西部乡镇企业的发展让出一块国内市场。这当然不能采用行政手段，但必须大力改革对外贸易的体制，使东南沿海的乡镇企业能了解国际市场、进入国际市场，并能在国际市场上实现更高的利益。这样才能使东南沿海的乡镇企业愿意冲出国门，走向世界。二是要利用当前的有利时机，加大向西、向北的境外开放力度，在这个方向的开放上，中西部地区占有地理上的优势。因此，国家要帮助中西部地区了解、分析西部、北部的境外市场，组织好国内生产能力的转移，使中西部地区的乡镇企业逐步成长为在西北境外市场上有竞争能力的企业，并以此来带动中西部地区的经济增长。

当然，中西部地区的经济发展，不仅仅是个乡镇企业的问题，同时也是如何发展优质高效农业的问题，如何更好地利用各类自然资源的问题，如何使资源优势转化为经济优势的问题，等等，这些都将是中西部地区经济发展中的重大课题。因此，根据中西部地区农村的资源条件和经济发展水平，制定出切实可行的区域经济政策，是加快这一地区经济发展的当务之急。

（附注：根据国家统计局的地区划分标准，东部地区包括：北京、天津、河北、辽宁、上海、浙江、江苏、山东、福建、广东、广西、海南；中部地区包括：山西、内蒙古、吉林、黑龙江、安徽、江西、河南、湖北、湖南；西部地区包括：四川、贵州、云南、西藏、陕西、甘肃、青海、宁夏、新疆。）

10.4　农村发展的基础是农民收入的增长

没有农民的收入增长，也就不可能有农村经济和社会的发展，这个道理如今已被越来越多的人所认识。如果以这一点来审视我国当前的农村经济状况，就会感到农村经济中尚存在着大量急需解决的问题，因为近年来农民收入的增长情况实在是不能令人满意。自实行农村经济体制的改革以来，我国农民人均实际收入的增长状况，大体上已经历了三个阶段：

第一阶段是1979年到1984年，在6年时间内，农民的人均纯收入实际增长水平（即扣除物价因素之后），每年的平均增长速度达到了11.8%。当然，在这个收入增长的高速度中，也包含着农民刚刚摆脱贫困而出现的恢复性的收入增长因素。

第二阶段是1985年到1988年，在这4年时间中，农民的人均纯收入实际年均增长为5.0%，增长率比前一阶段是明显降低了。

第三阶段是1989年到1991年，在这3年中，农民的人均纯收入实际年均增长只有0.7%，基本上是处于停滞状态。

从农民收入增长的这三个阶段来看，增长率是呈不断下降的趋势。因此，对于农民收入增长的前景，确实是不容人们乐观的。自1992年开始农民人均实际纯收入增长状态能否进入一个新的阶段，现在还难以作出判断。因为尽管1992年的全国农民人均实际纯收入比上年增长了5.6%，但一是这一增长带有明显的恢复性质，二是就全国而言，1992年农民的收入增长，主要来自于乡镇企业，而乡镇企业的分布极不平衡，因此，这个增长率掩盖了相当数量的中西部地区农民收入增长仍不景气的事实。重要的问题，是进入20世纪90年代以来，尚没能形成推动农民收入增长的主要推动因素。

在前面讲到的农民收入增长的第一、第二阶段中，农民的收入增长，都有作用明显的主要推动因素。在第一阶段中，这个主要推动因素就是以粮、棉、油为代表的基本农产品的产量迅速增长。形成这个主要推动因素的经济背景，是当时基本农产品的供求矛盾还主要表现在数量不足上。因此，基本农产品只要能增产，就不愁没有市场，只要能增产，农民就能增收。自1984年开始，农产品供求中的数量矛盾开始缓解，对基本农产品的需求，开始构成对供给增长的制约。因此在第一阶段起明显作用的农民收入增长的主要推动因素的作用开始减弱。但与此同时，农民收入增长的新的主要推动因素，已开始形成。这个主要推动因素，就是在农民收入增长的第二阶段中起了重大作用的乡镇企业的崛起，以及以肉类、水产品为代表的副食品的迅速增长。形成这一推动因素的背景，是人们在基本解决了温饱问题之后，开始追求生活的质量，因此轻工产品和副食品的需求扩张，为农村经济和农民收入的增长，提供了新的条件。但是，进入 20 世纪 90 年代以来，农村中至今尚未形成足以促使农民收入较快增长的主要推动因素。

我们在前面已经分析过 20 世纪 90 年代农村经济所面临的两个主要矛盾，即在农业方面，由于需求结构的变化，单纯地追求供给数量的增长，已不能适应市场的要求，而转向以提高农产品品质为主的生产阶段，则不仅需要时间，而且需要增加新的技术和物质投入，因此它不可能一蹴而就。在非农业方面，尽管乡镇企业的产值增长率很高，但吸收新增就业者的能力却正在下降，致使农业剩余劳动力的转移就业困难加大。正如我们在前面所分析的那样，乡镇企业的进一步发展，如不从城乡一体化的高度来变革现有的产业结构和企业布局问题，要重新起到像 1984—1988 年那 5 年每年平均转移 1200 万人以上的就业作用，是难以做到的。

正是因为进入 20 世纪 90 年代以来，尚未形成促使农民收入增长的主要推动因素，因此引发了农村经济中的两个突出的问题，一是农业生产要素的大量流失，主要是耕地的减少和农用资金的外流；二是农民的负担相对加重，因为负担总是相对于收入而言的，收入能有较快的增长，负担问题就不致演变得如此尖锐。

但是，无论从当前农村经济还是国民经济的全局来看，短期内都难以迅速形成促使农民收入增长的主要推动因素。这是因为农村经济和国民经济的体制改革和经济发展都面临着一系列积累已久的深层次矛盾，解决这些矛盾不仅需要大刀阔斧地加大改革力度，也需要一个新体制、新格局的形成过程。因此，当前重要的任务，应当是为形成农民收入增长新的推动因素，做好扎扎实实的基础性工作，以尽快地形成农民收入持续稳定增长的新机制。

（1）尽快建立和完善基本农产品的市场安定机制。在目前农产品的需求结构发生重要变化，而农产品的供给结构刚开始步入调整初期，大部分农产品价格处在低落状态的情况下，这一机制的建立对于维护农民的利益，防止农产品供给的急剧波动，顺利地实现农业生产结构的调整，具有重要的意义。

（2）加快农业科技成果的推广工作。要根据市场变化的实际情况，用新的科技成果引导农民将农业转向优质、高产、高效的方向，以适应市场的要求，提高农产品的品质和农业生产的经济效益。

（3）要增加对重要农业工程项目和农用工业的投资。逐步转变农业生产的基本条件，特别要注重中低产地区的农业开发项目，以增强我国农业发展的后劲。

（4）积极发展综合性的农村经济组织，鼓励新型的农民合作经济组织的成长。加快农村的农业生产合作、供销合作和信用合作实现一体化的步伐，提高农民的组织化程度，增强农民自我保护、自我服务的能力，实现农村经济内部的良性经济循环。

（5）加快小城镇建设的步伐，形成农业人口向城镇稳定转移的机制，既为农民创造更多的就业机会，也为农业创造扩大耕地经营规模、提高经济效益的条件。

在 20 世纪末和 21 世纪初的关键时期，国民经济的整体格局，必须发生有利于农民收入增长，有利于促进农村社会经济发展的结构性变革。我们这样一个有着 11 亿多人口（截至 1992 年）的大国，如不能改变绝大多数人靠耕地来就业和生存的局面，那么不要说农村经济的发展，就连整个国民经济的发展，也必将是步履艰难的。因此，当我们站在世纪之交的门槛上时，中国农民收入状况的改善和农村经济面貌的改观，将成为我们顺利地打开新世纪大门的一把金钥匙。